智慧妈妈的家教课堂

于伟伟 等 编著

清华大学出版社
北京

内 容 简 介

上幼儿园难，上小学更难！如何让孩子由幼儿园向小学轻松过渡？智慧妈妈有妙招。

参加各种学习班，每天疲于奔命，耗费了大量的金钱和精力，用处大吗？"把家庭当作教室，让妈妈当好孩子的最佳老师"是本书的宗旨。

开卷有益！打开《智慧妈妈的家教课堂》，"语文"小妙招、"数学"小窍门、"英语"百宝箱、"美术"小天地、"音乐"小屋、"运动"平台、快乐学习秘诀、学无止境、学"自立"等小栏目像魔法宝典映入你的眼帘。收获多多，是你最大的感慨！

学中游玩，玩中渗透学的技巧，在亲子活动中与孩子共同成长，是每个智慧妈妈的最大快乐！

你准备好了吗？接过本书的魔法棒，变身智慧妈妈。魔法棒一挥，给孩子打开一扇扇奇妙的窗户，让孩子在知识的海洋里酣游。

快来吧！勇敢的智慧妈妈，我们在家教课堂里等着你！

本书实用性强，既是智慧妈妈的教子宝典，又是幼教工作者和有志于培养天才宝贝的年轻女士们的实用手册。

图书在版编目(CIP)数据

智慧妈妈的家教课堂 / 于伟伟等编著. -- 北京 ：清华大学出版社，2016
ISBN 978-7-302-42461-1

Ⅰ．①智… Ⅱ．①于… Ⅲ．①家庭教育 Ⅳ．①G78

中国版本图书馆 CIP 数据核字(2015)第 295127 号

责任编辑：张立红
封面设计：邱晓俐
版式设计：方加青
责任校对：李跃娜
责任印制：杨　艳

出版发行：清华大学出版社
　　网　　　址：http://www.tup.com.cn，http://www.wqbook.com
　　地　　　址：北京清华大学学研大厦 A 座　　　　　　邮　　编：100084
　　社 总 机：010-62770175　　　　　　　　　　　　邮　　购：010-62786544
　　投稿与读者服务：010-62776969，c-service@tup.tsinghua.edu.cn
　　质 量 反 馈：010-62772015，zhiliang@tup.tsinghua.edu.cn
印 装 者：三河市吉祥印务有限公司
经　　销：全国新华书店
开　　本：170mm×240mm　　　　印　　张：16.75　　　　字　　数：240千字
版　　次：2016 年 2 月第 1 版　　　　　　　　　　印　　次：2016 年 2 月第 1 次印刷
定　　价：45.00 元

产品编号：067425-01

前言

从幼儿园到小学是一个很难过渡的阶段，有的家长不注意知识的衔接，使得孩子在幼儿园玩到散架，进了小学很长一段时间不适应各门科目的学习。其实智慧妈妈可以凭借妙招，让孩子轻松过渡。本书旨在指导妈妈们变身智慧妈妈，帮助孩子做好进入小学学习的准备，让孩子也轻松变身。

《智慧妈妈的家教课堂》的口号是"把家庭当作教室，让妈妈当好孩子的最佳老师"。当很多妈妈四处奔波准备把孩子送到各种各样的辅导班的时候，要想到妈妈对孩子学习的影响更大。尤其是上小学前后，妈妈要给孩子打开一扇窗，让他们了解世界，并激发他们的各种潜能。所以本书主题是：通过家庭环境的营造，让孩子爱上学习、学会学习、高效学习、快乐学习，成为全面发展的小孩。

智慧妈妈的"语文"小妙招、"数学"小窍门、"英语"百宝箱、"美术"小天地、"音乐"小屋、"运动"平台、快乐学习秘诀、学无止境、学"自立"都会带给妈妈们耳目一新的助学技巧。其有趣的实例讲述和实用的技巧指导，一定会让智慧妈妈们收获多多。

当然，因受作者水平和成书时间所限，本书难免存有疏漏和不当之处，敬请各位指正。

本书特色

1. 切实关注儿童成长，选取身边实例，用事实说话

作者长期关注学前儿童成长，亲自调查身边儿童成长的个例，并结合基本的家教理论，汇总成了本书的经验指导方略。所讲述的实例，非常具有代表性和指导意义，适用于不同年龄段和不同学历的妈妈们。它切实帮助妈妈们解决当前头痛的由幼儿园到小学过渡难的现状，让每一个宝贝都能顺利过渡，快乐成长。

2. 多角度选取教子方法，全面培养儿童的学习习惯

本书介绍的教子方法，落在日常，落在生活的实处，贴身为妈妈们设计。首先指导妈妈们变身智慧妈妈，进而指导孩子们变身智慧宝贝。本书介绍的教子方法围绕衣食住行玩展开，寓教于乐，玩中教学，关注各门学科学习习惯的培养和知识的引导，是妈妈们可以信赖的教子智慧方略的总结篇。

3. 独有的"理论+实例+技法点拨"的模式，化深奥为浅显

本书摒除了俗常的学习指导类书籍空谈理论难于实际操作的弊端，从小角度切入，贴近生活实际讲理论，结合具体的身边实例引出理论和方法。每章下面分小节，每小节里面有具体的四点激发点拨，由大处到细微全面覆盖教子的各个方面。这种独有的"理论+实例+技法点拨"的模式，会让妈妈们感受到作者贴心的关怀与引领。

本书内容及体系结构

第1章　孩子不爱学习是妈妈的"错"

本章旨在引导妈妈们合理给自己定位，明确自己对孩子的教育影响

力。化身为爱学习的妈妈，提提当年的"光荣事"，让妈妈变成孩子佩服的偶像，引导孩子让他懂得学习的重要性；做个善于表扬的智慧妈妈，做个孩子眼里的"百变"精灵，实现由普通妈妈到智慧妈妈的完美变身。

第2章　智慧妈妈的快乐学习秘诀

培养快乐学习的心态很重要。本章介绍妈妈们参加智慧沙龙活动；建议妈妈们一定要让孩子参与到自己的日常事务中来，让孩子体会妈妈的不易；本章还给智慧妈妈支了10大绝招来教育宝贝；面对作业拖沓和马虎、有多动症的孩子，本章也提供了不少有趣的方法；针对如何安排学习时间，如何激发孩子的学习兴趣，如何培养天才儿童，本章的技巧多多。

第3章　智慧妈妈的"语文"小妙招

本章以教学"语文"为底色，引导妈妈们先要拥有自己的神秘书房，然后学会给孩子讲好听的故事，和孩子一起体会亲子阅读的乐趣；引导妈妈们让孩子在看电视中学语文，逛公园的时候学作文，进而把自己的孩子培养成为妙语连珠、会讲故事的好孩子。

第4章　智慧妈妈的"数学"小窍门

你想让孩子成为数学迷吗？本章会用阿拉伯数字的魔法，调动孩子学数学的积极性，让他们在被窝里学口算，在游戏中学数学，在厨房、超市里学数学，当然还有通过儿歌、顺口溜学数学，日常理财也让孩子来参与，引导孩子成为小小数学迷。

第5章　智慧妈妈的"英语"百宝箱

孩子喜欢学英语吗？快带领孩子走进智慧妈妈的"英语"百宝箱吧！本章会带领孩子和英文字母捉迷藏，做英文卡片的游戏，教会孩子大声地说英语，引导他们在动漫里学单词，在大街上、商场里学英语，提高孩子背单词的效率，让孩子在一分钟内学会10个单词。怎么样，来试试吧！

第6章　智慧妈妈的"美术"小天地

本章着眼于对孩子的手工和美术等技能的培养。让孩子认识各种颜色，学会画简笔画，能给各种小动物区别上色；智慧妈妈可以把孩子带到花园里、自然中，让孩子了解实物，把握线条，进而引导孩子捏出逼真的鸭子，会剪窗花；当然也可以母子齐动手，做亲子立体画。如果有时间，带孩子去大自然中写生吧！孩子的收获一定会很多。

第7章　智慧妈妈的"音乐"小屋

你想把孩子培养成音乐天才吗？先教会孩子竖起耳朵听大自然的声音吧！孩子睡前你可以哼摇篮曲，还可以带孩子去看演唱会、看戏剧表演等，等孩子对音乐感兴趣了，可以教孩子基本的音调。如果孩子对"蝌蚪文"感兴趣，那么教孩子识五线谱吧！如果孩子喜欢开口唱，那就更好了，给个麦克风，让孩子唱起来！只要你做足了功夫，你的宝贝一定会成为一个音乐天才。

第8章　智慧妈妈的"运动"平台

让孩子成为运动健将的方式可真多！本章介绍了如何培养阳光男孩、女孩的技巧：带着孩子享受阳光的沐浴，和孩子们一起跳绳、踢毽子，打一会儿乒乓球，参加爬山比赛，夜幕下跟着大妈们跳广场舞，放风筝，郊游，养小动物，参加绿色采摘活动等，都可以激活孩子的运动细胞，让孩子健康茁壮地成长。

第9章　智慧妈妈教孩子学自立

本章的学习是智慧妈妈要练就的最高境界。给孩子一双独立的翅膀很重要，教会孩子自己动手是独立的前提条件，此外还需要勇敢的精神以及能够保护自我的辨识能力。妈妈有时候不在家，要让孩子学会自主学习。上学了，孩子要学会自己整理书包。有些实践活动，让孩子积极参加吧！这样，你的宝贝一定可以早早地学会独立，成长为一只鹰。

第10章　智慧妈妈学无止境

做个智慧妈妈不容易。本章对智慧妈妈再次进行全面的"培训"，引导智慧妈妈用自己的梦想点燃孩子的梦想，做个懂电脑、会外语的时髦妈妈，智慧妈妈还要懂点美学知识，在工作之外智慧妈妈还要拥有一定的特长，智慧妈妈还要有和老师主动沟通的能力，有时间要陪孩子多逛书店。若是能做到上面这些，你一定是一个与时俱进的高智慧妈妈！

本书读者对象

- ➤ 家有宝贝的妈妈们
- ➤ 渴望成为智慧妈妈的年轻女士
- ➤ 孩子即将进入小学的家长
- ➤ 幼教工作者
- ➤ 其他对家教有兴趣的各类人员

本书由于伟伟组织编写，同时参与编写的还有焦帅伟、李凯、刘筱月、马新原、能永霞、商梦丽、王宁、王雅琼、徐属娜、于健、周洋、张昆、陈冠军、范陈琼、郭现杰、罗高见、何琼、晁楠、雷凤，在此一并表示感谢！

目录

第三章 智慧妈妈的"语文"小妙招

第四章 智慧妈妈的"数学"小窍门

第五章 智慧妈妈的"英语"百宝箱

第六章 智慧妈妈的"美术"小天地

第七章 智慧妈妈的"音乐"小屋

第八章　智慧妈妈的"运动"平台

第九章　智慧妈妈教孩子学自立

第十章　智慧妈妈学无止境

第一章

孩子不爱学习是
妈妈的"错"

学习是什么？是戴着近视镜的"小博士"在课堂上的冥思苦想，还是小孩子在深夜的灯光下吭哧吭哧地写作业，或者是在妈妈的呵斥声中小孩子一把鼻涕一把泪地抱着书应付大人？都不是。学习应该是一种快乐的行为，不用损害身体健康，不用被沉重的作业压着，不用被动应付家长和老师，而是孩子的自觉行为。

1.1 你是个爱学习的妈妈吗

俗话说"妈妈是孩子的第一任老师",从呱呱落地那天开始,孩子就已经在耳濡目染妈妈的行为习惯了。有的妈妈说,孩子那么小,他什么都不懂。其实,小孩子对周围事物的感知很灵敏,饿了他会哭;妈妈不在身边,他会四处转头寻找。所以我们不要觉得孩子小,他就什么都不懂。作为妈妈,我们的一言一行、一举一动,都会在他幼小的心里留下烙印,这些印痕随着岁月的变迁,将会对孩子的一生产生深远的影响。

颖是一位爱读书的妈妈。孩子出生后,她发现小家伙挺安静的,不哭不闹,是个可爱的孩子,所以,她常常喜欢在孩子安静的时候偷偷看会儿书。有时候看得高兴了,她会轻轻读出声来。时长日久,她发现只要她读出声的时候,孩子就会停止玩耍,竖着耳朵仔细听。她想,既然孩子喜欢听,就让她跟着自己一块儿读书吧。于是,这位妈妈买了儿歌、童话和小小说之类的书,一有空就给孩子读。守在妈妈身边,听妈妈亲切的朗读声,呼吸着妈妈的气息,孩子乐此不疲地汲取着知识的养分。慢慢地,朗读就成了这位妈妈哄孩子的法宝,只要孩子哭闹,她就会读书给孩子听,孩子就会马上安静下来。后来这个孩子成了小书迷,小学时就读遍了国内外的名著,写起作文来思路流畅得如流水,说起话来引经据典,一般人是驳不倒她的。朋友归结,这是她的读书习惯带给孩子的良好影响。

上述故事告诉我们，妈妈的学习习惯对孩子的影响非常大，要想让你的孩子喜欢读书、热爱学习，那么我们做妈妈的就要爱读书、爱学习。目前有种时髦的学习方式叫"亲子阅读"或"亲子学习"，非常值得妈妈们学习。

当然，并不是所有的孩子都像上面故事中的孩子那样听话。有的孩子你喊破天或使劲训斥，他都充耳不闻，照样贪玩，照样哭闹。针对这样的孩子，妈妈们就要更注意言传身教，用自己热爱学习的行为来感染他。孩子小的时候对自己的爱好是不确定的，此时若妈妈能陪伴孩子同步学习，孩子就会认为"咦，妈妈做的一定是对的，我也要这样做"，慢慢地就会从单纯的模仿发展成为一种热爱学习的好习惯。

一个爱学习的妈妈，该怎样培养孩子的阅读兴趣呢？晨读是不错的方式，因为早晨是人记忆力最好的时候。伴着清晨明媚的阳光和啁啾的鸟鸣，在清新的空气中早起读书，既是一种勤快的表现，也可以积累很多知识。如果妈妈能影响孩子学会晨读，将对孩子今后养成科学、良好的学习习惯非常有效。

晚上学习，也不错。静寂的夜晚脱离白天的喧嚣，在安静的房间里静下心来好好学习，学习效率是很高的。而且晚上人的感性思维非常活跃，既适合阅读，也便于写作。

周末属于休闲时间，妈妈忙完了家务，坐下来陪孩子安静地读书，这时候的场面非常温馨。

在培养孩子学习兴趣的过程中，妈妈们可以有意识地采用一些有趣的方法，激发孩子产生浓厚的学习兴趣。

乔娜在给蒂拉读书时，读得绘声绘色、娓娓动听。乔娜认为只有这样，才能够吸引孩子聚精会神地听。此外，乔娜还利用灵活多样的办法，设法让孩子参与其中。乔娜在给蒂拉朗读的过程中会故意漏掉一个关键词，然后停下来一会儿，等着蒂拉补上。乔娜会认真地把书上的每一句话都读给蒂拉听，当碰到蒂拉不太理解的话，她会停下来耐心地进行解释，直到蒂拉彻底明白后再继续朗读。渐渐地，蒂拉不但爱听妈妈读书，也学会了自己读书。

这则"美国母亲教女"的故事中传递了这位聪明妈妈的三种做法：一是妈妈故意把书读得绘声绘色、娓娓动听来吸引孩子聚精会神地听；二是设法让孩子参与其中，譬如故意漏掉一个关键词什么的，让孩子参与到学习活动中来；三是碰到孩子不懂的知识，妈妈给孩子耐心讲解。如果把这三种方法利用好了，就足以培养出孩子浓厚的学习兴趣。

每个孩子都有自己的个性，前面这些温情的教育方式有时候并不适合于你的孩子，这时妈妈可以适当采用一些小伎俩，"诱骗"孩子学习。

九岁时，母亲教我学《礼记》《周易》《毛诗》，我都能够背诵。她有空又抄下唐宋诗词，教我朗诵古诗。母亲和我俩人都身体弱且多病。每当我生病，母亲就一直抱着我在室内来回走动。我病稍稍好一点，她就指着贴在墙上的诗歌教我低声念诵，以此作为游戏。母亲生病，我总是坐在她枕边不离开。母亲常常看着我一句话不说，很悲伤的样子，我也跟着伤心。我曾经问她："娘，您心里不快活吗？"她说："是不快活。"我问："那怎么能让娘高兴呢？"她说："你能把读的书背给我听，我就高兴了。"于是我就背书，琅琅的书声，和着药罐煎药的水沸声。母亲微笑着说："你看，我的病好些了！"从此，母亲生病的时候，我就拿了书在她床边读书，她的病就会好。

这是清代著名学者蒋士铨《鸣机夜课读记》中的一段故事。作者回忆母亲在教育自己热爱学习时就使用了一些小计谋，在一定程度上强迫作者学习。譬如"她有空又抄下唐宋诗词，教我朗诵古诗""我病稍稍好一点，她就指着贴在墙上的诗歌教我低声念诵，以此作为游戏"，再就是以自己身体不适为由，引导孩子在学会孝顺的同时也热爱上读书。

　　孩子睡前，妈妈可以守着孩子读书，让孩子既听到一些好的故事，又在知识熏陶中开心地睡觉。当孩子醒来时，一睁眼看到妈妈居然在认真地学习，这个情景很容易印在孩子的脑海里。当他逐渐长大后，他也会在睡前或在醒来时，抓紧时间读一些书，认真学习一番。学习是一个逐渐积累的过程，如果能抓住点滴时间养成认真学习的好习惯，那孩子将来肯定会拥有一个好成绩。

* * * * *

1.2　说说妈妈当年的"光荣事"

俗话说"好汉不提当年勇"，可从教育孩子的角度，妈妈们在引导孩子学习的过程中，真还应该提提自己当年的"光荣事"。在小孩子的眼里，妈妈既是老师，更是一个偶像。妈妈做得非常棒的地方，他们也会极力去学习。在孩子的偶像情结下，妈妈的"指挥棒"会非常好用，我们安排给孩子的事，孩子会认真做好。

欣是一位中学老师，她有一个可爱的儿子。从儿子懂事起，她就常常给儿子讲述自己当年的光荣事迹，譬如晚自习上政治老师特别爱检查学生背诵。他上课时布置完了题目，就让同学们背诵，同学们在座位上背会后排队到讲台前一个一个地接受政治老师的检查，谁都不能漏掉。欣对儿子说，"妈妈那时候记忆力特别好，也特别喜欢背诵东西，所以每次政治老师检查，妈妈总是第一个离开位子走到讲台前，第一个顺顺溜溜背下题目的同学。妈妈那时候可光荣了，每次都受到表扬，全班同学都很美慕妈妈。"讲完"光荣事"后，欣叮嘱儿子，等你上学后也要成为全班第一个能背下知识的人，好吗？儿子使劲点点头，说"妈妈，你能做到的，我也一定能做到。"

以前儿子对欣的诸多教育总是不听从，从不收拾房间，从不主动洗脚，很少主动看书，喜欢泡在电视或电脑前。或许是受了妈妈"光荣事迹"的影响，现在，只要欣安排他做家务或者看书之类，他总是乖乖地听话，因为他想做得比妈妈更棒。

雨喜欢做手工，生活中有些小零碎被她利用起来，做成了杯垫、椅子垫、笔筒、书架、挂钩等。雨做手工的时候，女儿也跟着她一块做。女儿喜欢听故事，雨就给女儿编故事，故事中雨化身为聪明的小孩。"有一次，有一道数学题难度相当大，连老师都皱起了眉头，妈妈不服气，于是偷偷拿出笔和纸，一遍两遍地验算。下课铃打响了，同学们都跑出教室玩去了，妈妈还是满头大汗地趴在书桌上使劲地算。课间没有算出来，放学后妈妈把题带回家接着动脑子琢磨，终于在半夜的时候把这道超级难题计算出来了，妈妈高兴得一夜没睡。第二天到了学校，妈妈早早地告诉数学老师自己的验算结果，你猜怎么样？数学老师的眼睛瞪得跟鸡蛋差不多大，他不相信一个小孩子可以把这么难的题算出来了。那次，因为妈妈表现特别棒，被授予'数学小明星'的称号。妈妈还因此代表学校到市里参赛了，拿了一等奖回来。"

雨讲完了故事，女儿顾不得做手工，两只小手托着腮帮子，既羡慕又崇拜地说："妈妈，你真棒，我要向你学习。"雨趁机告诉女儿该怎么做数学题，把自己的一些小体会告诉女儿，女儿仿佛一下子开了窍，很快学会了很多很多。

从雨的故事看，妈妈的"偶像效应"确实对教育孩子很有效，如果你的孩子不喜欢学习，建议妈妈们尝试讲讲自己当年的"光荣事"。至于怎么表达，在这里给妈妈们提几个建议。

妈妈们上学期间肯定有许多"光荣事"，是不是应该讲出所有"光荣事"？当然不是。如果只是一些糗事，那在孩子小的时候尽量少讲一点，而是挑选那些有助于提升孩子学习兴趣的具有正能量的事多讲一讲。譬如怎么超越同学、获奖、得第一、受表扬、被崇拜等，这些特别容易激励孩子。

　　一般来说女孩子喜欢同情弱小，妈妈可以讲述自己怎么帮助差同学学习，最终让差同学分数提升的故事。女孩子喜欢童话、神话故事，那么妈妈们可以适当把自己的"光荣事"，用童话、神话的语气包装一下。另外女孩子大多感性思维发达，理性思维略弱一些，妈妈们可以适当讲述一些与学数学、物理等理科有关的小故事，帮女孩子端正从小对枯燥的理科知识不厌烦的态度。相对来说，男孩子喜欢做强者来保护弱小，有英雄情结，理性思维发达，所以妈妈们在讲述故事就要把自己包装得富有英雄气概，并且多讲述点与语文、历史等有关的"光荣事"。

　　妈妈们讲述的"光荣事"，除了侧重于故事的趣味性、宣传正能量和"偶像效应"外，还要深入浅出地渗透一些知识在里面，譬如算鸭子几条腿、摘果子、数筷子、分苹果、绕口令、猜谜语、小诗歌、对对子等。寓教于乐，寓知识于故事中，便可一举多得教育好孩子。

　　相传在汉朝时期，不知哪个寨一户姓袁的人家有一个九岁的男孩，小小年纪便通晓诗文。

　　有一次，小孩子在花桥上玩石头把戏，一会来了几个人抬着一顶轿子往前走。他们刚走过花桥，小孩追上叫住他们不要走。这些人肩上抬着轿子，怒喝道："哪来的野小子，瞎了眼啦？竟敢拦住丞相的轿子！"

　　小孩一惊，但转念一想，这丞相年纪一定大了，如今便告老还乡，想必拦住他的轿子也没什么可怕。于是他冲着这些人说："你们才是瞎了眼哩，把我的石桥踩坏了。我要你们赔。"

　　坐在轿内的老丞相刚想发怒，忽听拦轿的人童音很重。老丞相掀帘一看，果见站在面前的是一个稚气十足的小孩，这小孩生得眉目清秀，天真中带有几分聪慧。老丞相怒气全消，怜爱地问道："你要我们赔什么呀？"

　　小孩抬头看了看老丞相，很有礼貌地说："老爷爷，我不要你们赔什么，我们来对'对联'。我出上联，你说下联，好不？"

老丞相听说要对"对联"，更感到这小孩不同一般，就爽快应道："行啊。"

小孩看了看被踩坏的石桥，眨了眨眼睛，说："脚踏磊桥三块石。"

老丞相见小孩出了上联，忙对下联，可一连对了几句，小孩都摇头。老丞相没法对上，只得对小孩说："我就住在那边寨子，今天我对不上，明天再来吧。"小孩点头表示同意。

老丞相回到家，因为想不出下联，急得茶饭不思，夫人问道："你刚衣锦还乡，应该高兴才是，为何这样愁眉苦脸？"老丞相便把半路上碰见的情况跟夫人讲了一遍，夫人听后看着自己做的针线，便要丞相明天照她讲的就是了。

第二天，老丞相早早出门了，他找到小孩后高兴地说："下联是'手剪出开两重山'。"

"好是好，可是这下联不是你对的，是一个妇人说的。"

老丞相听后心想，这小孩当真聪明过人，将来一定有出息。我不如收他为养子，让他去读书。小孩也很乐意，高兴地答应了。后来，小孩发愤读书，成了举世名人。

* * * * *

1.3　孩子，学习才会让你展翅飞翔

　　妈妈们每天让孩子学这个读那个，时间长了，孩子常常会提出这样的问题：为什么要学习，我不学习行不行。妈妈们该怎么回答呢？

　　小飞也曾经这样问过妈妈，她的妈妈指着窗外的飞鸟说："你知道我们现在住几楼吗？"小飞不屑一顾地说："妈妈，你的问题真幼稚，12楼。""对。如果你不学习，你只能像麻雀一样在低层飞翔，永远也看不到12楼这么寥廓的高空；若是你好好学习，你就会像窗外的飞鸟一样飞到十二层，甚至更高的天空，一万米的高空也有可能哦！"小飞点点头："妈妈，我懂了。要想飞得高，我必须认真学习。"

　　小时候，孩子对未来的规划是不明确的，但是等他们长大后，他们就会渴望拥有广阔的生活天地，过舒服自在的生活，而这样的生活从哪里来？答案是：从学习中来。也许有的妈妈要说，那些学习好的孩子，有的将来也没有多大的出息。但是有句话妈妈们要注意，"学习，也许未必能让孩子成才，可是社会上那些已经成为人才的人，大多是具有高学历的，是经过认真学习成为人才的。"因此，如果想让你的孩子有出息，首先要让他爱上学习。

我国古代最伟大的学问家孔子，是一个爱学习的人，"韦编三绝"是他的典故。那时候读的书都是刻在竹简上，这些竹简需要用熟牛皮条串在一起，孔子经常翻阅这些竹简，以致于把这些起串联作用的熟牛皮条都磨断了。因为有爱学习的精神，孔子成为当之无愧的大学问家。

北宋大文学家欧阳修，自幼天资过人，但是由于家境贫寒，家里没钱给他买纸买笔。欧阳修的母亲郑氏为了让儿子习文练字，想出了一个巧妙的办法，用荻草代替毛笔教小欧阳修写字。欧阳修勤奋刻苦，练成了一手好字，成为远近闻名的神童。最终聪明好学的欧阳修经过努力，成为了北宋著名的文学家。

相信读过上面的故事后，妈妈们应该知道学习的重要性了，无论孩子天资聪颖还是驽钝，都需要学习。不学习脑子里装的知识少，孩子在为人处世或者工作表现上都会大打折扣，所以妈妈们一定要告诉自己的孩子，"学习对于你的未来很重要，或许你现在不能理解，将来长大了你就会体验到学习的好处了。一个孩子，只有通过学习才能拥有鹰的翅膀，才能飞得更高更远更帅气。"

那么，怎样在孩子的心中种下爱学习的种子呢？下面给大家支几招。

小孩子对学习是没有具体印象的，他们对吃喝玩更感兴趣，因此在引导孩子时，妈妈们可以以学习为诱饵，告诉孩子们："读书，将来可以买好多的巧克力、奶油蛋糕；爱学习的孩子，在游乐园里玩各种游戏都显得比别的孩子智商高，大家都喜欢这样的孩子；电视里的某某动漫形象，就是因为好好学习，所以才表现得那么出色的。"有了这样的引导，不怕孩子们不喜欢学习。

"你看你表舅，因为好好学习，现在生活在大城市里，手下管理着好几百号人，一呼百应，特别威风。看到他开的宝马没有，那全是凭借自己的能力赚来的。"在亲属里面或者古今名人中，给孩子找一个学有所成的典范，为孩子树立榜样，孩子也会有学习动力。譬如头悬梁锥刺股、凿壁偷光、程门立雪、铁杵成针等勤奋好学的名人故事，妈妈们可以挑选出几十个故事，做一个系列的故事演讲，每天给孩子讲几个小故事。时长日久，孩子一定会受到感染，爱上学习的。

孙敬是汉朝人。他年少好学，晚上看书学习常常通宵达旦，邻里们都称他为"闭户先生"。孙敬读书时，常常一直看到后半夜，时间长了，有时不免打起瞌睡来。有一天，他抬头苦思的时候看到房梁，顿时眼睛一亮。随即他找来一根绳子，绳子的一头拴在房梁上，另一头拴在他的头发上。这样，每当他累了困了想打瞌睡时，只要头一低，绳子就会猛拽一下他的头发，他一疼就没了睡意。从这以后，他每天晚上都用这种办法发奋苦读。

年复一年地刻苦学习，孙敬饱读诗书，博学多才，成为一名通晓古今的大学问家。当时在江淮以北非常有名气，常有不远千里的学子负笈担书来向他求学解疑、讨论学问。

很多妈妈反映自己的孩子上幼儿园难，孩子去了哭着、闹着，想家、想大人，就是呆不下去。送孩子去幼儿园的头几个周，对于孩子和家长来说简直是炼狱，这边涕泪涟涟，那边恋恋不舍。孩子上火，大人也跟着着急，不少孩子还因此大病一场住了院。怎样避免出现这种情况呢？编者的朋友使用过一个方法：就是在孩子上幼儿园之前的半年左右，经常给孩子描述幼儿园生活多美好，有很多好玩的玩具，还有好玩的小朋友，大家一块儿用小碗吃饭，还有会唱歌和会跳舞的美女老师等。总而言之，就是妈妈们要极力把幼儿园生活描述得跟天堂一样，比呆在家里好几百倍，让孩子预先对幼儿园生活产生无限的向往，这样孩子将来上幼儿园的过程就简单多了，不会有那么多的周折。

1.4 做个善于表扬的智慧妈妈

"儿子，你今天的字写得真棒，妈妈要奖励你，奖励一袋'好多鱼'吧！"

"宝贝，你今天口算速度特别快，超过那两个小朋友了，答得还很准确。应该表扬！"

作为孩子的妈妈，你每天会对孩子说几次这样的话呢？表扬的话，不论大人还是孩子，都喜欢听。因为表扬是对自己的肯定，是对自己的一种鼓励。

记得美国有个研究组织对一个班级的孩子做过这样的试验：负责试验的人员到班级里随便点了一半的人数，说这些人将来都会成为人才，都能考上重点大学。结果表明，很多年之后，那些被点过名的人，大多数都成为了杰出人才。而其实他们当中的很多人当时在班级里积累的学分并不高，并不是脑子特别聪明的孩子，老师和家长也并不看好他们，后来他们却成才了。这是为什么呢？因为试验人员当众宣布，给了这些孩子潜意识的自信心，让这些孩子明确了自己实力，从此他们就以此为标准来严格要求自己，快乐地努力学习，所以这些孩子最终成功了。

这个试验启示我们，孩子是没有笨蛋和天才之分的，只要你善于表扬，经常给予孩子鼓励，孩子潜意识里就会觉得"我很厉害""我十分聪明""我一定行"，他就会充满动力和有目标地去学习，这样的孩子最终一定会成才的。

有的妈妈可能要说，这样是不是骗孩子。我们不是要你骗孩子，而是要妈妈们能够发现孩子身上的闪光点，适当地加以夸大表扬。妈妈每天的表扬就像给闹钟上发条，有了妈妈的表扬，每天孩子的动力都会足足的，每天都会快乐自信地学习，当然这样的孩子更容易在学习上成为佼佼者了。

可欣的妈妈是一个善于表扬孩子的智慧妈妈。可欣最初学英语的时候特别讨厌这些"小蝌蚪"，要读、还要写、还要背，读音差一点点，意思就会差一大截。而且可欣有点小短舌，有些字母发音不太清楚，有小朋友也笑话她咬字不清楚。可欣妈妈却没有放弃，每当可欣读对了一行字母的时候，妈妈总会说"哦，真棒，比妈妈最初学习的时候棒多了。"有时妈妈会装作不认识某些字母或者单词，让可欣给讲解一下。可欣非常喜欢做小老师，她让妈妈坐在沙发上，自己像个老师似地举着书给妈妈认真讲，每次讲完了，妈妈都做出很崇拜的样子说："谢谢你，可欣老师！我终于明白这个字母怎么读了，你讲得真好。"可欣会美滋滋地给妈妈发奖品，有时候可欣会高兴地接着往下自学，因为她要给妈妈当老师呀！

当然，表扬孩子和激励孩子的学习积极性，单单靠口头表扬是不行的，表扬有很多种，也要注意分场合和对象，下面给大家介绍几招。

有些妈妈喜欢谦虚地当众"贬低"孩子，不怎么喜欢当众表扬孩子。拥有谦虚的美德固然好，可是过分谦虚地当众批评孩子，往往会在孩子的潜意识中留下这样一种印象：我这也做得不够好，那也做得不够好，我其实缺点挺多的。所以，以后妈妈们一定要注意，孩子棒的时候要当众表扬，虽然不必过分张扬，但至少应该让孩子知道：我的表现确实很棒！

现在的教育，从幼儿园开始，家长与学校互动一直搞得挺好。家校互动时，在孩子写字、做题的本子上妈妈们要用心给孩子写评语，评语不必太多，写一两行就可，评语要以肯定、表扬孩子的学习优点为主，多用鼓励的口吻，多用表扬的口吻，既让孩子感受到妈妈很重视我的学习，善于发现我的优点，又让孩子为自己的优点而高兴。这对孩子也是一种激励。

今天，妈妈怀着愉快的心情给你写这封表扬信，真诚地祝贺你期末考试中取得了非常优异的成绩，妈妈为你自豪！

在这次期末考试中，你以优异的成绩给一年级的学习划上了一个圆满的句号。语文、数学取得了双100的好成绩，全班仅有2人；获得奖状3张，分别是"优秀班干部""四好少年""优秀特长生"三个光荣称号，全班唯你1人；得到奖励的学习本14本。妈妈由衷地要对你说一句："女儿，你真棒！"。

如果你给孩子写一则这样的激励评语，你猜孩子的反应会是怎样的呢？

多制造点"意外惊喜"给孩子吧。譬如突然带着孩子去一处国家公园，让孩子领略山山水水；或者带孩子去书店买他最心爱的动漫书；或者带孩子去吃一种他渴望已久的美食。这样的"突然袭击"会让宝贝意识到，原来我只要好好学习，就会收到这些意外惊喜。孩子会更加努力地学习。

"重赏之下必有勇夫"，适当给予一定的物质奖励，宝贝的学习积极性会很高。物质奖励包括：零花钱、好吃的、好玩的等。物质奖励要投其所好，譬如喜欢动漫的买动漫书，喜欢跳舞的买跳舞毯，喜欢玩具的买组装玩具，喜欢做手工制作的买手工零件等，这样宝贝会更开心。

1.5　智慧妈妈是个"百变"精灵

你喜欢什么样的妈妈？

有人对孩子做过这样一个问答调查，结果，在街头上受访孩子的回答让调查者啼笑皆非。有的孩子说喜欢像奥特曼一样有神奇能力的妈妈，有的说喜欢会跳舞的妈妈，有的说喜欢像机器猫一样能变出各种好玩东西的妈妈，有的说喜欢会踢足球的妈妈等。综合一下，其实在富有想象力的孩子们心中，他们希望自己的妈妈是一个"百变"精灵，在他们最需要的时候，无论什么妈妈都能变出来。

当然，现实中妈妈们是不可能成为真正的"百变"精灵的。但是作为一个智慧妈妈，你应该努力把自己塑造成为"百变"精灵的形象。因为这样的妈妈，在孩子的心目中很神奇，会变各种好玩的东西，懂各种知识，还会解救孩子于学习的"危难"中，而且很富有童心，是一个可以平等交流的好妈妈。

子飞的妈妈喜欢搞怪。陪儿子学习时，根据学习内容她会时不时来一段搞怪的片段，逗得儿子目瞪口呆。譬如孩子背"九九"乘法表的时候，她憋住气一口气背完了，背得特快，跟行云流水一样。儿子一听惊呆了，缠住妈妈非要学，结果背得很棒，乘法算得特别快。

路亚的妈妈喜欢做手工。女儿在学习英文字母的时候老是记不住，妈妈就教她用橡皮泥捏26个英文字母。刚开始她捏得不好，妈妈就一个个地教，等到几遍下来，路亚把26个字母捏得特别像的时候，她已经能指着这些字母的造型一个个准确地读出来。因为在捏的过程中，她嘴里老不停地念叨，在潜移默化中她把这些字母记得特别牢固。

婷婷的妈妈特别善于模仿。对于女儿喜欢的动漫片子，她都能很快地模仿出人物的声音，每当女儿学习不专心时，她就会模仿喜洋洋的声音批评她；而当女儿古诗背得特别好的时候，她又会模仿小魔仙的声音表扬她。她还会把文章的故事片段用表演剧的形式展示出来，所以，女儿很快就理解了一些故事的内涵。

做个"百变"精灵，给妈妈们提出了很高的要求。这启示我们，那种单纯地哄孩子、负责吃喝拉撒睡的保姆式妈妈已经不能够适应时代发展的要求了，当代的妈妈们要具有多种技能，并且凭借着这些技能吸引孩子，投其所好地给予孩子良好的引导。

那么，妈妈们怎么做才能成为一个能吸引住孩子的"精灵"妈妈呢？

咱们中国的妈妈都比较内敛，略显古板些，不喜欢和孩子开玩笑、搞怪，而看一些外国幽默片，大家会发现很多外国妈妈和孩子都是搞怪高手。当然，这里的"搞怪"不是故意出洋相，不是丑化自己，也不要选择一些危险的项目去做，而是在语言、动作等方面给孩子制造轻松幽默的氛围，可能是一句玩笑话、一个搞笑的手势、一个有趣的家庭场景。总而言之，拥有一个搞笑的妈妈，孩子的学习生活一定不会寂寞，一定程度上也会培养孩子对某些学科知识的兴趣。

你是个会表演的妈妈吗？譬如针对孩子学习的某些童话、寓言等，可以和孩子分角色表演。可能这个表演过程比较简单，但是通过这样的趣味学习，孩子会很容易理解课文的内容，而且表演可以培养孩子的想象力、记忆力和形象表演的能力，可谓一举多得。

记得上小学的时候，需要交很多手工作业，几乎每周一次，可是这些在佳佳妈妈的眼里根本不算什么。无论是用落花生和瓜子皮粘贴小房子，还是用毛线粘贴牡丹花，或者用各种漂亮的糖果纸扎成蝴蝶的造型，或者用锡箔纸剪小鱼儿、小桥等，佳佳妈妈都做得非常好。

那么你作为妈妈，会不会给孩子用手工制作，引导孩子学习某学科知识呢？看你的了！

纸牌游戏，帮助孩子认识数字；数独游戏，帮助孩子学习加减法；填成语游戏，帮助孩子学习成语；连线、对对碰游戏，帮助孩子学习生字；你画我猜游戏，帮助孩子认识单词等。这些小游戏，可以用纸牌做，可以在纸上写，可以表演，也可以在电脑上进行。多种形式的游戏，一定会让你的孩子更热爱学习，一定会让你成为一个受孩子欢迎的"百变"精灵。

* * * * *

1.6 做孩子的伴读小书童

　　看过古装戏吗？古代的书生，都跟着个贴身的书童。这个书童，会打杂，也伴读，还要粗通文墨，否则书生和书童怎么交流啊！那么，妈妈们做伴读小书童会怎么样呢？

　　孩子小时候的自制力是非常差的，他们在学习的时候需要有个人在旁边经常提点，"喂，别走神，该读书了""又偷着玩玩具了，记住练字应该坚持到底，不能三心二意""调皮鬼，这么多题都算错了，刚才想什么呢，不会又想着你的动漫吧！""哦，刚才你问的生字，妈妈查了，那个字读'zhā'"等等。由此可见，孩子在读书学习时旁边确实需要个伴读小书童，如果这个角色由妈妈来充当，那效果会很不错。一是因为守着妈妈孩子有安全感，可以放心大胆地表现自己；二是因为妈妈对孩子最熟悉、最了解，针对孩子存在的不良学习习惯，可以及时地提醒、纠正，以便于迅速帮助孩子提高。

　　丽说她的儿子在学习时最喜欢偷着玩玩具。如果大人不在跟前，他写几个字后注意力马上就转移到组装玩具上了，如果不是大人提醒，儿子会折了装、装了拆，几个小时保持同一姿势在那里玩玩具。这样，一是对孩子身体成长不利，二是养成了孩子做事没有连续性的习惯，俗称"坐不住""好走神""爱溜号"。为了防止儿子开小差，只要儿子学习期间，丽就放下手头的家务或者工作，马上把注意力放到儿子身上。有时候儿子学习，她在一边看书，或者织毛衣什么的，反正就是要靠在跟前，决不放松。

娟说儿子在学习时自己一直在旁边陪着，有时候儿子有不认识的字、不会算的数学题、不会读的英语字母，自己马上就给解决掉了，省时省力。如果让儿子自己学着查字典或者上网查，会浪费很多时间，而且自己在跟前手把手地教，实际效果不错，儿子的字写得工工整整，字母写得很规范，数学题的准确率也高。但要是自己不陪着，儿子基本上做得一塌糊涂，所以娟就一直陪着儿子学习。她说儿子现在养成了非常好的学习习惯，已经能够自主地安排自己的学习生活了。

从丽和娟两位妈妈的做法看，有妈妈做伴读小书童，对孩子的学习和成长确实非常有利。有的妈妈可能要问，做伴读小书童，我都需要做些什么，下面给大家规范一下。

孩子在学习当中会遇到很多的疑惑，譬如怎么计算，怎么加减乘除，怎么进位等；譬如这个英语字母应该怎么写，占几道横线等；譬如这个汉字怎么读，成语怎么填写，怎么组词、找反义词、造句等。这时候妈妈陪在身边，帮助孩子迅速解除疑惑，及时弄懂知识难点，可以提高孩子的学习效率。

妈妈在一边做伴读小书童，可以规范孩子的不良行为。譬如咬笔杆、咬手指头，握笔的姿势不规范，写字时眼睛距离本子太近，歪着脑袋、斜着眼睛，边读书边转笔，书页上随意戳戳点点，纸面一团糟等。这些不良习惯，都需要妈妈每天一点点坚持纠正，经过一段时间就能纠正过来。

孩子写累了，可以安排孩子读书、听故事；孩子读书累了，可以安排孩子练字、做数学题等。另外还可以采用母子相互提问的方式，你问我答或者你答我问，口头检查孩子对知识的掌握情况。另外，作为在一旁伴读的妈妈，还需及时检查孩子的学习成果，看写得怎么样，准确率高不高，以便及时帮助孩子查漏补缺。

　　孩子有时候也想玩，可是看到妈妈在认真地读书，他贪玩的念头就会消除。孩子在学习时能够静下心来的并不多，他们心头有各种各样的小念头、想玩、想吃、想买东西、想上厕所。这时候妈妈陪在身边，孩子会有个学习的榜样，"啊，妈妈都这样认真，我也不能放松偷懒。"在这样的潜意识下，孩子会慢慢静下心来踏踏实实地进入学习状态。

*　*　*　*　*

第二章

智慧妈妈的快乐
学习秘诀

学习是快乐的，还是苦累的？初始，孩子并没有明确的看法。尽管学习本身是苦的，需要辛苦付出，有竞争压力，不好好学习会影响未来的人生；但换种方式，若是能够有快乐的心态，运用巧妙的技巧，学习其实可以变成一个很快乐的过程。智慧妈妈的引导，会让孩子化苦为乐，快乐地对待学习。因此，智慧妈妈经常给孩子灌输的信息应该是"学习是快乐的""学校是充满乐趣的神秘的地方""学习可以让每个人变得更强大""学习可以让我们拥有更多的朋友和更加幸福的生活"。这些信息的反复灌输，可以让孩子在学习过程中建立积极乐观的态度，从而拥有强劲的学习动力。

2.1 妈妈们的家教沙龙

俗话说"独木难成林"。一个妈妈有再多的智慧，终究是个人之见，有时候会失之偏颇，在孩子教育过程中的某些环节处理不当。所以，若是能够把智慧妈妈们组织起来开办"家教沙龙"，便可以积众人智慧为我所用，汲取大家的教育智慧，从而更加理性地教育孩子。

家教沙龙的开办形式多种多样，譬如周末智慧妈妈们相聚一堂，听亲子讲座，组织母子参观、游览活动，或者共同商讨对个别典型孩子的教育手段等。家教沙龙的开办，会让妈妈们发挥自己的智慧，给予他人良好的帮助和影响，同时还可以找到让孩子们更快乐有效的成长方式，可谓一举多得。

家教沙龙需要选择一个教育经验丰富的人做组织者，制定具体的活动计划，设定具体的地点和人数，定期组织研讨活动，可以把成型的经验转化为铅字，印刷出来分发给沙龙成员，这样大家都可以从中吸收好的教育经验。

希文参加了一个家教沙龙，沙龙的主人是一个教育心理学领域的专家。这个专家退休后闲居在家，于是把一帮妈妈组织起来，给大家传授如何结合心理学教育孩子。因为是一个公益性质的沙龙，希文很高兴地参加了。沙龙主人依据自己丰富的心理学经验，结合成长中孩子的心理特征，以及每个年龄段孩子常见的心理问题，经常给妈妈们做沙龙讲座。在沙龙主人宽敞的书屋里，伴着浓浓的书香，听白发老人娓娓讲述教子经验，智慧妈妈们非常愉悦。听了一段时间讲座后，希文根据儿子正处于好奇阶段喜欢摸索危险品以及求知欲浓厚、记忆力增强的情况，主动利用闲暇时间带着儿子去户外做短暂旅行，到一些有奇奇怪怪东西的地方去探索未知世界，譬如爬山采摘野果、赶海拾蛤蜊、野外寻药材等。这些拥有特殊物产的地方，让希文的儿子掀开了神秘世界的一角，他的求知欲越来越强。除了旅行，希文给他买了《十万个为什么》《自然探秘》等系列书籍，大大满足了孩子的好奇心和求知欲。

希文对这个沙龙充满了信心，她决心继续追随沙龙主人，学习教育孩子的真正技巧，科学而愉悦地把自己的儿子培养为一个真正热爱学习的人才。

家教是个长远话题，单凭听一次讲座、参加一次活动就可以接受到适合孩子成长的经验是不可能的。所以，浸润在家教沙龙中，妈妈们要主动参加活动，并积极发言参与讨论。只有在与他人的观点和言论的不断碰撞中，妈妈们才能获得自己想要的东西。

苏菲带着女儿参加了一个亲子家教沙龙，每次沙龙活动都要求必须带孩子一起参加。沙龙组织者特别重视亲子互动的环节，而这也是苏菲的女儿非常感兴趣的，因为她比较好动，喜欢各种竞技比赛，所以苏菲也乐意带女儿出来和别的孩子pk。在亲子互动中，苏菲惊喜地发现女儿的小脑袋里藏满了各种鬼主意，同样的活动内容，女儿会很快想出一些解决方法，因此在整个互动环节，苏菲和女儿做得轻松而愉快，并且得分也是最高的。这让其他妈妈羡慕不已，纷纷向苏菲请教教子秘诀，苏菲也乐于分享，譬如让孩子早点学会独立，独立收拾房间，做家务等；又如给孩子设置些生活小难题，让孩子自己想办法解决等。苏菲的做法得到了妈妈们的一致好评，苏菲的女儿也觉得很自豪。更令人高兴的是苏菲和女儿那天捧回了一个大大的奖品——半人多高的机器猫。

苏菲和她女儿的故事启迪妈妈们，别闷头在家里闭门造车，教子经验是需要互相交流学习的，给自己和孩子一个开阔视野的机会，才会创造美好的家教天地。

每个孩子的个性不同，每个家庭的环境和家教方式也不一样，面临的问题肯定是不一样的。家教沙龙前预备好问题，方便在提问研讨环节有的放矢，更有针对性地解决问题。当你提出问题后，有其他妈妈的参与讨论，问题可能从很多你意想不到的角度得到解决，这是一件令人非常愉悦的事。

有些家教经验，让孩子亲身感悟会更好。譬如在亲子活动环节，别的孩子的勇敢、对妈妈的关心、善于动手的能力等，都可以对自己的孩子造成一定的影响。智慧妈妈可以通过引导，让自己的孩子跟随其他孩子去改变、去进步。榜样的力量是无穷的，即使他平时再不听话，但为了在其他小朋友面前有更好的表现，孩子一定会努力去改变自己的。

＊＊＊＊＊

2.2 智慧妈妈的教子绝招

凡事思考，便会从中发现秘诀。学习也是如此，若是采用一些秘诀，便可以让孩子轻松愉悦地学习。

现在的学校教育对书写要求特别高，要求每个学生都要练一笔好字。可是一旦进入学校，学习任务繁重，孩子能够静下心来练字的机会并不多，所以当孩子在家里时，你可以给孩子准备一本字体漂亮的字帖，让孩子每天能够平心静气地练好20个字。天长日久，孩子写字的基本功就练出来了，就会写出比别的孩子更漂亮的字，这样孩子上学时就减轻练字的负担，拥有更多自由的时间。

怀素和尚，唐代书法家，以"狂草"名世，史称"草圣"。他是一位勤奋刻苦的典范。因为贫苦，买不起纸张，他每天取芭蕉叶来写字。后来他把种的一万多株芭蕉树叶都摘光了，于是又做了个木盘子并刷上漆，在上面练习写字。时间长了，笔尖竟把木盘磨穿了。他写秃的笔可能比智永（南朝人，书圣王羲之七世孙，云门寺书阁临书30年，留下"退笔冢"的传说）还多，后来将秃笔埋成一座坟，名叫"笔冢"。

现在语文课本上需要背诵的诗词、古文很多，若是全都集中在学校里背，孩子会非常累。现在把这些诗词、古文提前背，每天只需背一点点，这些积少成多，背诵的麻烦也省略掉了，孩子上学的负担就又减轻了一点。

从1～100以内的加减乘除，先练习扎实，做到口算如流。练习口算要循序渐进，譬如早晨起床、晚上睡觉前拿出五分钟给孩子提问加减乘除题，可以先从10以内的数字开始，然后逐步递增到两位数的加减乘除计算。孩子的计算速度提高了，上学后他学理科知识就会很容易，因为数学等很多理科知识都是需要最基础的计算能力。

27岁的英国男子丹尼尔·塔曼特堪称天才，他拥有惊人的"记忆数字"能力，能将圆周率背诵到小数点后面第22514位，而且他精通多种语言。他创立了一家记忆技巧公司，专门教人如何更快更有效地学习数学和语言。

孤独症使他自小无法与人正常交流，他的世界里只有数字。在他那里，1～10000的每个数字都有着特有的颜色、纹理和情感共鸣的地方。"1这个数字非常闪耀，是一种明亮的白色，就像有人拿着一个火把在我眼前晃来晃去……4则是害羞和安静的，就像我一样；8、9则像是正在飘落的雪。"

孩子喜欢的冒险类读物，或者《读者》《意林》《儿童文学》《儿童故事画报》等，只要内容积极健康向上，对孩子的成长有利，就应该支持孩子每天读一些杂志或者书，包括自然、地理等专门的书籍。读书能够让孩子见多识广，这样孩子将来进入学校学习文科或理科，因为很早涉猎这方面的知识，懂得多学起来会非常容易。

电视、网络给了我们更广阔的知识窗口，让孩子每天看一个喜欢的节目，譬如《动物世界》《是真的吗》《寻宝》等自然类节目，或是其他对孩子成长有利的节目。让孩子通过节目增长见识，增加知识积淀，这样有利于他以后的学习。一个视野狭窄的孩子，在学习上总会遇到诸多的盲区，通过开阔视野要把这些盲区提前解决掉。

俄罗斯"死亡谷"位于堪察加半岛的克罗诺基山区，此谷长2000米，宽只有100～300米。人若走进这个山谷，很少能活着走出来。这里不但是人的死亡谷，也是野兽的死亡谷。据山区的一位守林员说，他曾目睹一只大狗熊闯进谷中觅食，不料进去不久突然栽倒，一命呜呼。但是在距离这座死亡谷不到一箭之地有一村落，那里的农民却活得好好的。

印尼爪哇岛上有许多山洞，其中有6个大山洞，都是人兽死亡的陷阱。这6个大山洞到底有多大多深？谁也不知道。山洞内存在着一股巨大的引力，每当人或野兽接近就会被吸入洞内，最后必死无疑。据侦察，谷洞里已是白骨累累。

有了这些有趣的方法和知识，还怕孩子不爱学习吗？

＊＊＊＊＊

2.3 作业拖沓如何办

对于老师布置的作业，有的孩子会非常认真地完成。这样的孩子分属三类：一是听话的孩子。这样的孩子唯老师的命令是从，老师让完成的作业一定认真完成。二是胆小的孩子。这样的孩子怕老师，唯恐被老师批评，所以会抓紧时间完成老师布置的作业。三是学习习惯好的孩子。凡事往前赶，不喜欢拖沓。若是你的孩子不属于以上三种情况，那一般做作业他就会拖沓。

作业拖沓的孩子，要么厌倦学习，要么对老师的作业不以为意，要么天性拖拖拉拉，总拿作业不当回事。面对作业拖沓的孩子，可以参照下面妈妈的做法。

苗苗的妈妈是个喜欢表扬孩子的妈妈。每天，根据老师布置的作业量，妈妈给苗苗规定完成作业的时间，要求苗苗在规定时间内完成作业。若是苗苗表现好，她给予大力表扬；若是孩子表现不好，苗苗妈妈会及时纠正。各科作业都按照这种做法进行限制。在苗苗妈妈的坚持下，半个月后苗苗改掉了拖沓的坏习惯。

梓桐自制力差，梓桐的妈妈非常有耐心，每天宁可家务不做，也要守在梓桐身边监督她读书、写字。梓桐的磨叽主要表现在：一会儿要喝饮料，一会儿要上卫生间，一会儿要翻找文具，一会儿要起身活动一下，貌似要求都合理，但是时间却被浪费掉了。为此梓桐妈妈规定有事提前处理，坐下屁股就要坚持15分钟，这样每天改掉一点点。过了一段时间梓桐写作业不再磨叽了，能够在规定时间内提前完成。

孩子的作业完成后，不要让他马上丢入书包就算完事了，要及时检查孩子作业。因为日常孩子做得慢，突然让他做快了，他会应付了事。通过检查作业，妈妈给孩子明确指出本次作业他哪些地方做得不到位，迅速纠正孩子的错误，让孩子养成既快速又认真写作业的习惯。

最初纠正孩子拖沓习惯时，孩子肯定不能如期完成。如果孩子态度恶劣，可以尝试给予一定的惩戒措施，譬如罚站背课文、练字20个等，小小的惩戒，会让孩子明确自己拖沓习惯的恶劣性，从而认真地改正。

夏鸥写数学作业时最拖沓，而且数字书写特别差，速度跟乌龟爬似的。为了惩戒他，夏鸥妈妈让他每天练习一分钟"0123456789"的快速书写，写一分钟算一次，看一次能写几组。夏鸥最爱吃粟米棒，写几组就给几根粟米棒，多了坚决不给，流口水也不行，哭闹也不行。经过一段时间的强制练习，夏鸥原来一分钟最多能写5组，现在最多可以写9组，而且还写得工整好看。

有时候孩子的拖沓习惯，不光体现在作业上，这只是孩子拖沓习惯一个角度的折射。针对这种情况，日常做任何事妈妈都要引导孩子，养成做事快速、凡事往前赶的好习惯哦。

* * * * *

2.4 对付小马虎的技巧

《小马虎》是由上海美术电影制片厂1980年摄制的一部国产动画片，片子讲述的是一个名叫马小虎的小孩子，由于做什么都很马虎所以大家就叫他"小马虎"。他在小猴的带领下，漫游马虎国。记得最经典的一段就是小马虎计算自己的身高，一个小数点让他一会13米高，一会0.13米高。

现在的"小马虎"挺多，所谓的"小马虎"是指那些做事马马虎虎、丢三落四的孩子。这样的孩子最让人头痛了，今天落了作业在家里，明天把该交的伙食费落家里了，需要妈妈送到学校。丢三落四的习惯特别可怕，譬如出门坐公交车发现忘记带钱了，去书店买书发现钱不知道丢哪里了，放学回家发现做作业的习题册忘记带回家了……总之，不论你想到想不到，"小马虎"什么东西都能丢，什么环节都容易出错，令人防不胜防，所以"小马虎"的毛病必须纠正。

朱瑾的儿子是个"小马虎"，作业从来都记不全。每次第二天回到学校交作业时，朱瑾就会收到班主任发来的告状短信，今天哪几课的作业没有交，朱瑾就得对着短信自我检讨一番。为了帮助儿子改掉"小马虎"的毛病，她制定了周密的计划：一是给儿子准备了一本记录作业的本子，让儿子认真记录，然后朱瑾在QQ上和儿子的同学确定后，监督儿子认真完成；二是要求儿子写完一份作业就交给妈妈检查，最后发现漏掉没有做的要及时补上；三是要求儿子写完一份作业，就要装到书包里，而不能随手乱丢。这三条周密的计划坚持了将近一个月的时间，朱瑾的儿子慢慢由"小马虎"变成了一个认真仔细的好孩子。

对付"小马虎"的技巧有很多，朱瑾采用的是"制定计划+紧盯"法，最终经过一个月的时间帮儿子纠正了坏习惯。那么，除此之外还有哪些方法呢？下面给大家介绍几种。

无论是孩子写作业，还是参加考试，都要叮嘱孩子做完之后认真检查，检查看有没有漏掉的地方、有没有做错的地方，以便及时查漏补缺。一遍检查不出来，可以检查两遍，这样可以减少丢三落四的毛病。

对于数学等需要计算的学科，则要采用验算法，顺着做题思路重新验算一遍。有可能在验算过程中，发现计算过程列错了，结果算错了，这样就要及时纠正。或者发现哪个步骤没有写，哪个数字随手写错了，都可以发现并改正。

针对需要做的作业，可以采用列清单法。就是把需要做的作业按序号排列出来，做完后一一对照进行检查，发现没完成的要及时补齐，发现做得不好的要让孩子返工，争取做到不光要完成作业，而且要高质量地完成。

有时候孩子思维顺向了，怎么检查也不会发现自己的错误，这时候需要告诉孩子可以略微看一下别的，或者停一下转换一下思维，待会回来重新看，可能就会发现由于自己粗心大意哪个地方犯了错误。

2.5 多动症孩子如何专心起来

　　他患了多动症。从一进教室开始，他就不会有消停的时候。要么在座位上晃个不停，要么踢同学的裤子，要么就是拿出瓜子边吃边吐，有时还吐到我脸上。你惩罚他吧，他就把橡皮呀、笔呀统统塞到嘴巴里，再或者就是吃书，或者尖叫。跟他说，下次上课吃零食或者扰乱课堂纪律的话，就直接背书包回去得了。也吓唬过他几回，有两次硬是没让他进课堂，也试着多鼓励表扬他，只是当时有效，过不了几分钟，又恢复原样。

　　多动症是一种病，严重的要去医院专门治疗。对于那些对学习不感兴趣或者天性喜欢调皮捣蛋的貌似多动症的孩子，则可以通过一定的训练改掉其坏习惯，从而使之逐渐变得爱学习。

　　针对对学习不感兴趣的孩子，首先弄懂其原因在哪里，譬如有的孩子对班级环境不满意，有的孩子感觉课堂学习过于束缚自己，有的孩子不喜欢任课老师等等。针对这些原因，妈妈要对症下药，先对孩子进行思想教育，引导其理解班级现状，学会放弃自我为中心的想法，能够融入集体，能够适应束缚性的课堂学习，能够适应老师的教法，从而让孩子对学校学习感兴趣；再与班主任和任课老师取得联系，让老师帮助巩固引导。这样通过家校联合的方式，可以使得孩子快速转换学习态度。一旦孩子对学习感兴趣了，其多动的特征就会逐渐消失。

　　针对喜欢调皮捣蛋的学生，则要多通过思想教育来帮助其转变。因为这样的孩子往往精力过剩，而且胆子大，敢于藐视老师和课堂的权威，想怎么样就怎么样，所以会出现多动状态。这种情况下，妈妈可以和班主任取得联系，请班主任和任课老师通过思想教育或采取一定的惩戒措施，让孩子明白上课必须要坐有坐姿，不能随便摇晃、转身、嬉笑、打闹、做小动作，而且要认真听讲；然后让他观察其他同学的课堂表现，并让一个自我约束能力强的同学对他进行监督和帮助。这些措施施行一段时间后，孩子应该有所进步。作为妈妈若再反复叮嘱孩子在校应该如何表现，配合老师对孩子的教育，孩子一定会逐渐改掉多动的毛病。

　　卢佳脑袋瓜机灵，上课坐不住，总喜欢搞怪。老师说上句，他接下句；老师在讲台上讲课，他在老师后面扮孙悟空；老师转脸，他跟猴子似的窜到位子上，弄得老师莫名其妙，同学们开心大笑。针对卢佳喜欢搞怪的毛病，卢佳妈妈让他参加街舞班，街舞动作幅度大，体力消耗得多；班主任让卢佳加入趣味运动组，通过踢毽子等活动，让卢佳喜欢搞怪的天性得以发挥。紧张的训练，让卢佳没时间搞怪了，多动的表现逐渐就消失了。

　　对于有多动症状的孩子，一定不要采用呵斥和打骂、冷落等偏激的教育手段，而要多关心呵护，多谈心，多用妈妈的温柔和坚持不懈的教诲引导他。因为这样的孩子本身已经感觉到在学习上与其他同学的差距，可能在学校也受到了一定惩戒，此时若是妈妈再对其冷言冷语、打骂厌弃，那么孩子的心理会扭曲，他会和妈妈、老师对着干，会过早地表现出逆反的心理，所以对待有多动症状的孩子一定要多呵护。

　　有的多动症孩子还有习惯性的躯体反应，譬如挤眉弄眼、身体抽搐、肌肉抽动等。孩子本身已经很自卑了，若是妈妈再不理解呵护，让孩子回到家不能有个舒缓解压的地方，那么很容易导致孩子的过早产生逆反心理。所以对这样的孩子一定要多呵护。即使犯了错误，也一定要问明情况，有的放矢地进行教育，而不要一棍子打死，武断地把错误的根源都推在他的身上。

　　米米在政府某部门上班，有段时间她到乡下挂职锻炼，儿子就留给了老公。可是米米的老公是个电脑安装公司的主管，每天负责安装电脑和电脑培训，很晚才回家，所以米米的儿子每天脖子上挂着钥匙到处游荡。有一次甚至游荡到了米米老公的同事家里，是好心的同事给孩子做了一顿饭，否则他只能在街头吃垃圾食品。等米米回到城里上班后，她就发现儿子有了多动的毛病。刚开始她也没注意，后来儿子的表演越来越厉害，看着电视不自觉地挤眉弄眼、手脚抖动，米米带着儿子去大医院检查才得知儿子的病情。米米先带着儿子在医院治疗了一段时间，之后米米只要下班就陪着儿子纠正他的毛病，并不断说服引导他，帮助他排解自卑情绪。同时米米还陪伴着儿子写作业，儿子有什么不会的，米米就及时给予辅导。在米米和老公的共同努力下，儿子的多动症终于治好了，并且顺利地考入了当地首屈一指的重点高中。

　　米米的故事启示我们，只要做妈妈的能够拿出足够的爱心，关心呵护具有多动倾向的孩子，您的孩子一定会改掉坏毛病，并迅速成长起来。

＊ ＊ ＊ ＊ ＊

2.6　如何安排学习时间

　　学习时间安排合理，会让孩子事半功倍地轻松学习，反之，若是学习时间安排不合理，不光孩子学得累，而且很可能成绩不佳。那么，该如何安排学习时间呢？

　　早晨是大脑最清醒、干扰也最少的时候，哪怕每次只能拿出15分钟，也要每天坚持引导孩子把需要读、背的内容大声地读出来、背出来。当响亮的读书声在清晨的空气里回荡，孩子的那种学习的愉悦感就会快速地升华，日积月累地坚持，再难的背诵学科的内容孩子也会扎实地背来。

　　晚上万籁俱寂，人的感性思维特别发达，会有很多奇思妙想和写作思路。所以，晚上睡觉前的半个小时到一个小时别让孩子看电视，看电视容易让孩子大脑兴奋，影响睡眠的质量，要让孩子看点书、做会儿口算，或者讨论问题，孩子一定会乐于参与，而且其想法一定会很独特。如果把晚上这块时间抓紧，孩子在思考、写作、计算等方面的能力也会大幅度提高。

　　汉朝元帝时的匡衡，从小喜好读书。可是家里很穷，连饭都吃不饱，哪有钱上学读书呢？他只好白天干活，晚上自己学习。家里没有钱买灯油，怎么办呢？匡衡没有向困难屈服，他想出了一个办法：在墙壁上凿了个小洞，借邻居家照射过来的微弱灯光看书学习。他勤奋刻苦，学到了许多知识，后来做了宰相。

要让小孩子一动不动坐在那里写写画画一个小时，很显然是不可能的。活泼好动是小孩子的天性，所以约束孩子坐住需要循序渐进，譬如最初从十五分钟、二十分钟开始，然后逐渐增加直到正常上课一节课的时间，即四十五分钟。动的目的，是让孩子舒缓一下身心，可以更加投入地学习；不动的目的，是让孩子养成能够平心静气学习的习惯，这样学习起来容易出成绩。

相对来说，上午人的精神饱满，适合背诵、默写之类的学习，我们可以把文科内容放在上午；而下午人的精神状态相对疲惫，所以把计算、动手的科目放到下午学。当然也可以采用文理科交叉的学习方式，先文后理交叉学，效果也不错。因为每个孩子感兴趣的内容是不同的，还可以根据孩子的学习兴趣安排学习的内容。

"滚雪球式"的学习方法也是循环学习的一种方式，即今天学一个内容，明天复习，过两三天再复习一遍，周末复习一遍，一个月之内复习一遍，最后期中或期末考试前再复习一遍，这样经过至少五遍的循环学习，该知识点一定会被孩子扎实地记忆下来。"滚雪球式"学习方法，是利用人的记忆规律制定的科学的学习方法，实践效果不错，可以让孩子轻松学习。

光是死读书，效果并不佳，孩子要想全面发展，动手能力也要培养。所以针对孩子学习的自然科学常识，可以利用周末实践一下，或者到大自然中观察、实践一番。想象的东西总是比实践的过程要完美得多，唯有实践后，孩子才能真切地了解和巩固这些知识，而不是读死书。

大部分孩子学习既有强项，也有弱项。所以针对孩子学习的弱项，一定要挤一挤时间，把差的地方补上去。中国有句俗话叫"一步落下十步难赶"，等孩子把弱的地方补上去后，他的学习自信心才能建立，学习兴趣才能增加，孩子才能得到全面的发展。

2.7　亲子PK，激发孩子兴趣

只要有PK对手的存在，就能激发孩子学习的斗志和活力。有这样一个流传了很久的故事，会给妈妈们带来启迪。

在日本北海道盛产一种美味的鳗鱼，海边渔村的许多渔民都以捕捞鳗鱼为生。然而这种珍贵鳗鱼的生命却特别脆弱，它一旦离开深海就容易死去，因此渔民们捕回的鳗鱼往往都是死的。但在村子里，有一位老渔民天天出海捕鳗，返回岸边后他的鳗鱼却总是活蹦乱跳。而与他一起出海的其他渔户纵是使尽浑身招数，回岸后依旧是一船死鳗鱼。因为鳗鱼活的少，自然就奇货可居起来，活鳗鱼的价格是死鳗鱼的几倍。于是，几年工夫老渔民成了当时有名的富翁，其他渔民却只能维持简单的温饱。时间长了，渔村甚至开始传言老渔民有某种魔力，让鳗鱼保持生命。

在老渔民临终前，他决定把秘诀公之于世。其实老渔民并没什么魔力，他使鳗鱼不死的方法非常简单，就是在捕捞的鳗鱼中再加入几条叫狗鱼的杂鱼。狗鱼非但不是鳗鱼的同类，而且是鳗鱼的"死对头"。几条势单力薄的狗鱼在面对众多的"对手"时，便惊慌失措地在鳗鱼堆里四处乱窜，由此勾起了鳗鱼们旺盛的斗志，一船死气沉沉的鳗鱼就这样被激活了。引入几个"对手"便使一船鳗鱼起死回生，老渔民的做法不能不令人惊奇。然而在现实生活中，没有竞争的地方往往也是死水一潭。一旦有了竞争，人们则斗志昂扬、激情四射，这正是竞争的力量之所在。

由此可见，与其让孩子孤独地学习，不如和孩子进行PK。给孩子一个对手，点燃孩子的斗志，让孩子学得更有劲。要做到这一点，需要妈妈有更多的付出。

妈妈们既要努力工作，又要照顾家庭，往往精力不够用。即便如此，也一定要多留一些时间陪孩子，让孩子在成长过程中真切感受到浓浓的母爱，这样的孩子长大后性格才会开朗乐观。

陪孩子学习的过程中，妈妈一定要全身心投入。孩子是非常敏感的，妈妈的精力稍一不投入，他们就会感觉到。PK时更是如此，妈妈们一定要陪孩子尽情地学，让孩子兴致勃勃地和你竞争。有了竞争心理，孩子会学得非常起劲。

孩子肯定不如妈妈好，因为妈妈是成人。为了让孩子能够全面地渐进，要让孩子感受到成功和失败的双重滋味。若是单纯地让孩子一味地赢，孩子会看不清自我，产生骄傲自大的情绪；若是一味地让孩子输，孩子会丧失掉信心和学习的动力。所以妈妈们要运用技巧，让孩子多感受到成功的喜悦，略微也要尝到失败的滋味。

当孩子在PK中胜利了，妈妈一定要真诚地给予表扬和奖励。虽然挫折是人生中难免的，可是孩子更多的学习动力却是来自成功和赞扬。所以，你可以口头表扬孩子，也可以用实物奖励孩子，还可以用组织家庭活动方式来鼓励孩子，譬如出门做短途旅游等，效果很不错。

巴雷尼小时候因生病成了残疾，母亲的心就像刀绞一样。她想，孩子现在最需要的是鼓励和帮助，而不是妈妈的眼泪。母亲来到巴雷尼的病床前，拉着他的手说："孩子，妈妈相信你是个有志气的人，希望你能用自己的双腿，在人生的道路上勇敢地走下去！好巴雷尼，你能够答应妈妈吗？"母亲的话，像铁锤一样撞击着巴雷尼的心扉，他"哇"地一声扑到母亲怀里大哭起来。从那以后，妈妈只要一有空，就陪巴雷尼练习走路、做体操，常常累得满头大汗。有一次妈妈得了重感冒，她想，做母亲的不仅要言传还要身教。尽管发着高烧，她还是下床按计划帮助巴雷尼练习走路。黄豆般的汗水从妈妈脸上淌下来，她用干毛巾擦擦，咬紧牙硬是帮巴雷尼完成了当天的锻炼计划。体育锻炼弥补了残疾给巴雷尼带来的不便，母亲的榜样作用更是深深教育了巴雷尼，他终于经受住了命运给他的严酷打击。他刻苦学习，学习成绩一直在班上名列前茅，最后以优异的成绩考进了维也纳大学医学院。大学毕业后，巴雷尼以全部精力致力于耳科神经学的研究。最终登上了诺贝尔生理学和医学奖的领奖台。

　　当孩子经历挫折和失败时，妈妈的支持对孩子战胜困难起决定性作用。作为智慧妈妈，你要给孩子分析失败的原因在哪里，要把取胜的秘诀告诉他，让他汲取教训，争取以后获得更大的成功。

＊＊＊＊＊

2.8 智慧妈妈培养天才宝贝

很多妈妈看过《最强大脑》栏目，一定对其中很多孩子的表现感到惊奇。当然，天才的成长有先天因素在里面，但与后天的努力也是分不开的。很多妈妈都听说过"伤仲永"的故事吧？一个天才儿童方仲永，虽然拥有超常的先天条件，可是因为他父亲的得意忘形，不让他继续后天的学习，所以后来他变得平庸，"泯然众人矣"。因此，早点发现天才儿童和努力让天才儿童继续后天的学习，是让你的孩子成长为天才宝贝的重要条件。

孩子天生是有些超常才能的，譬如记忆力超常，听到音乐手舞足蹈，画画方面的天才，或者计算、语言、视力等方面。日常仔细观察孩子，妈妈一定要关注到孩子表现出色的方面，并为此而制定相应的开发计划，把孩子天生的超常才能开发出来，而不要错过最好的发展阶段，让孩子的才能泯灭。

超级人脑的开发，针对天才儿童一方面可以循序渐进地引导出来，譬如记忆力超常，就让他多背诵、多记忆，给他提供背诵、记忆的机会，让他在适当的场合努力表现这种非凡的才能。另一方面可以强化引导，譬如采用科学的计算方法，把计算的公式、定理或一些诀窍教给孩子，早早地对其进行训练，在其思维没有定型前让他的大脑思维得到超常的开发，那么等渐渐长大后，孩子的这方面才能也可以表现出来。

　　1975年7月15日，陶哲轩出生在澳大利亚阿得雷德，是家中的长子。陶哲轩两岁的时候，父母就发现这个孩子对数字非常着迷，还试图教别的孩子用数字积木进行计算。3岁半时，早慧的陶哲轩被父母送进一所私立小学。陶哲轩的智力明显超过班上其他孩子，但他不知道怎么与那些比自己大两岁的孩子相处，而学校的老师面对这种状况也束手无策。

　　几个星期以后，陶哲轩退学了。陶象国夫妇从这次失败经历中吸取的一个宝贵教训是：培养孩子一定要和孩子的天份同步，太快太慢都不是好事。陶象国对本报记者说："我们决定还是让他去上幼儿园。"幼儿园里有陶哲轩的同龄人。上幼儿园的一年半时间里，陶哲轩还在母亲梁蕙兰指导下完成了几乎全部小学数学课程。母亲更多是对他进行启发，而不是进行填鸭式的教育。而陶哲轩更喜欢的也似乎是自学，他贪婪地阅读了许多数学书。陶象国夫妇开始阅读天才教育的书籍，并且加入了南澳大利亚天才儿童协会。陶哲轩也因此结识了其他的天才儿童。

　　5岁生日过后，陶哲轩再次迈进了小学的大门。这一次，父母考察当地很多学校后，最终选择了离家两英里外的一所公立学校。这所小学的校长答应他们，学校为陶哲轩提供灵活的教育方案。刚进校时，陶哲轩和二年级孩子一起学习大多数课程，数学课则与5年级孩子一起上。

　　7岁时，陶哲轩开始自学微积分。"这不是我们逼他看的，是他自己感兴趣。"陶象国说。而小学校长也意识到小学数学课程已经无法满足陶哲轩的需求，在与陶象国夫妇讨论之后，他成功地说服附近一所中学的校长，让陶哲轩每天去中学听一两堂数学课。

　　8岁半陶哲轩升入了中学。9岁半时，他有三分之一时间在离家不远的弗林德斯大学学习数学和物理。8岁零10个月时，陶哲轩曾参加一项数学才能测试，得了760分的高分。在美国十七八岁的学生中只有1%能够达到750分，而8岁的孩子里面还没有人超过700分。

即使是天才也不能放松了学习，即使不是天才也可以通过勤奋，把知识累积起来，把能力提前训练出来，成为天才。所以勤奋是成为天才和保持天才的前提，离了这个前提，拥有再强的大脑也白搭。

一些艺术和科学方面的天才，需要想象力。人类的发展若没有了想象力，怎么会从茹毛饮血到今天的高度物质文明，怎么会从双脚走路到今天的奔月飞天探索宇宙世界。苹果砸中牛顿的脑袋，牛顿想到了"万有引力"；烧水壶的蒸汽顶开了壶盖，启示瓦特发明了蒸汽机；像霍金的"黑洞理论"等，都离不开想象力。所以，日常妈妈们一定要培养孩子们的想象力哦！

天才儿童，往往在心理方面承受力更脆弱。因为天才催生了他们超强的自信心，一旦受到批评或打击，更容易心理受挫，所以针对天才儿童，要多关心疏导，要多鼓励，激发孩子把天才的一面更好地发挥出来。

理查德·费曼曾对原子弹的发展做出过重要贡献，获得过诺贝尔物理奖。他被人们赞誉为"科学顽童""新物理学之父"。他还有一个令人羡慕的科幻童年。

他常常在父亲的膝盖上听父亲读《大英百科全书》。有一天，父亲带回一堆装修浴室用的各种颜色的小瓷片。父亲把它叠垒起来弄成像多米诺骨牌似的，然后让坐在婴儿椅上的小费曼去推动一边，结果它们全倒了。父亲又让他变出复杂点的花样：两白一蓝、两白一蓝……他母亲在一旁忍不住说："唉，你让小家伙随便玩不就是了？他爱在哪儿加个蓝，就让他加好了。"父亲却说："这不行。我正教他什么是序列，并告诉他这多么有趣。"

有一天，小费曼在玩马车玩具，并在车斗里放一个小球。当他拉动的时候，看到了小球的运动方式。他问道"爸，当我拉动马车的时候，小球往后滚；而马车停住时，小球往前滚，这是为什么？"

爸爸赞许地说"你观察得很仔细，这是自然界的一个小奥秘，等你长大后读书就会明白的。"父亲就是这样用许多实例来激发孩子对科学的兴趣。

　　如果把故事中的父亲做法换为母亲的做法，这确实是一个能够激发天才的智慧妈妈。

　　天才儿童的超常才能若不能得到展现，不能创造出一定成果，那就是对天才的埋没。所以为了让孩子天才的一面得到尽情的展现，一定要让孩子多参加比赛、活动之类，或把孩子的某些思维成果变为实物，申请专利等，这些成就感会极大激发儿童的潜力，让他的超常才能得到完美地表现。

* * * * *

第三章

智慧妈妈的"语文"小妙招

语文，是我们的母语学科，貌似学起来简单，但是真要让小孩子能在语文上有较高的素养，上学后能有一个不错的成绩，并没妈妈们想象得那么容易。语文要从小开始打基础，语文学习重在阅读和积累，唯有多读、多看、多听、多写、多说，才能积累大量的语文知识，培养深厚的语文修养，让小孩子上学后在语文学科上拿高分。

3.1 妈妈的神秘书房

　　与督促和强迫相比较，学习氛围更能对孩子产生长远的影响。要想学好语文，孩子需要阅读大量的书籍。小孩子的阅读口味是不固定的，而且受色彩、趣味等影响，因此，不要固定地引导孩子读哪一类的书籍，应该在孩子的日常阅读和谈话倾向中关注小孩子的阅读兴趣，然后对其甄别好坏，再进行正确的引导。要做好这些，妈妈拥有一个神秘的书房是比较不错的选择。

　　书房是书的世界，妈妈们可以根据孩子的兴趣和成长的需要，准备古今中外各种各样的书籍，不光要有儿童名著、成人名著，还要有其他像人文科学、自然科学类书籍。妈妈们要把这些书籍分门别类，一个类别可以贴一个的书签标志，这样一是便于孩子定向地找书，二是便于妈妈们观察孩子的阅读喜好。

　　书房要布置得神秘些，当然不必故弄玄虚，而是利用小孩子的强烈好奇心，制造一点点神秘感，让他更感兴趣，更想去揭秘。当他发现书的世界是如此瑰丽多彩时，他的阅读兴趣会越来越浓厚。当然这个神秘感只能限制在亲子的层面上，如果搞得太玄虚了，孩子就害怕或迷惑了。

　　书房布置好了，剩下的就是多制造亲子阅读的机会。休班时间、周末或晚上，爸爸、妈妈和小孩子，远离电视和电脑呈现的浮躁，静静地呆在书房里，爸爸看历史方面的书籍，妈妈看小说，小孩子读童话，一家人其乐融融地聚在一起读书。孩子既可以从爸爸妈妈身上汲取学习认真的态度，还能养成热爱读书的好习惯。

芳是一个爱读书的妈妈，只要闲着没事，她就喜欢捧着一本书在小书房里静静地读。刚开始她读书，儿子在旁边的沙发上玩玩具，慢慢地，儿子放下手中的玩具，好奇地凑到妈妈身边，一会儿看看书，一会儿瞅瞅妈妈读书的样子，他不明白这本书怎么那么吸引妈妈，他就问妈妈："这是本什么书？有趣吗？给我讲讲书上的故事吧！"妈妈开始选择有趣的内容给他一小段一小段讲。后来他开始站在妈妈身边和妈妈一块儿看书，他碰到不认识的字、不理解的人物或情节也会问。于是书房里出现了这样一幅情景：妈妈坐在藤椅上读书，儿子坐或者趴在沙发上读书，两个人互相陪伴着，有一句没一句地聊着，小书房里充满了温馨的读书氛围。再后来，儿子开始问妈妈要书读，芳就带着儿子到书店里去看书。现在的书店都提供了便利条件，可以坐着长凳慢慢读、慢慢挑，于是芳和儿子的读书场所由小书房扩大到了书店。随着儿子阅读习惯的慢慢形成，芳发现儿子喜欢读探险类的，于是她几乎给儿子买齐了所有的探险类的小说，《鲁滨孙漂流记》《格列佛游记》《环游地球八十天》等共几十本。儿子每天只要有空闲时间，就喜欢泡在这些探险小说里。看完了探险小说，接着是自然揭秘类的科普书籍，然后是幻想类的作品。慢慢地，芳发现儿子认识的字越来越多，掌握的中外人文和自然科学的知识越来越多，而且儿子的口语表达和写作能力都得到了提升。很多儿子提出的问题，芳都需要查网络才能解决。

芳的小书房为儿子提供了一个神秘的读书天地，在相对安静的环境中，在亲子阅读氛围的熏陶下，芳的儿子阅读面不断扩大，阅读兴趣迅速养成，阅读的视野逐步开拓，与语文学习有关的各方面的能力也在潜移默化中提升。

书房不在大，而在于有一个漂亮的书柜；书柜里摆放的书籍，不要华而不实，要适用于家庭阅读。书籍的内容要注意丰富多样。从文体上，可以为孩子准备科普书籍、小说、童话等；从花样上，要多为孩子准备图文并茂的书籍，小孩子对色彩鲜艳、图画优美可爱的书籍比较感兴趣，随着阅读量的增加才会逐渐对纯文字的书籍感兴趣。书籍要随着孩子的阅读兴趣增强逐渐地更替或增加，不要一成不变。

现在图书出版市场良莠不齐，很多适合孩子阅读的书籍是盗版书籍或者是低质量的，家长在购买书籍时要注意出版是否正规，要买正版书籍。因为正版书籍里错误率几乎为零，不会让孩子接触到错别字、错句或表达不到位的内容。这对于孩子语文打基础阶段是非常重要的。

书房里布置得要安静雅致，这样既与书香的氛围相契合，也能够慢慢熏陶孩子安静娴雅的性格。书房布置的风格不要因为大人的喜好而呈现暗沉、拙重等感觉，要在桌布、窗帘、插话、书橱、书桌等摆设细节上多下功夫，力争让孩子喜欢。一个良好的阅读环境，可以吸引孩子，也可以让阅读变得轻松、愉悦、充满乐趣。

* * * * *

3.2　好故事是妈妈的第一本教材

　　在阅读前，小孩子接触世界主要靠"看"和"听"，看到的是五颜六色及动作情景，听到的是故事。一个好妈妈首先是一个会讲故事的妈妈，想象一下，很多孩子都经历过这样的情景：躺在妈妈的怀抱里，听妈妈讲述一些好玩的故事。妈妈讲得越有趣，孩子听得越仔细。在听故事的过程中，孩子懂得了更多的道理，了解更多有趣的人和事物。妈妈讲的故事，仿佛是一双神奇的手，在孩子的眼前拉开了一幅神奇的幕布，幕布的后面是一片神奇瑰丽的土地，这里有孩子没见过的动物、植物、人，还有神、精灵等。孩子的思路被打开，他发现这个世界如此美丽、如此神秘，他渴望长大，渴望踏入这片土地，用勤劳的双手创造属于自己的更美好的世界。这一切的一切，都是妈妈的故事给的。

　　既然妈妈的故事如此重要，妈妈们就应该有意识地选择好故事讲述给孩子听。

　　记得我小的时候，因为妈妈不注意，所以过早接触到了一些迷信、愚昧、生死轮回的故事。虽然老辈人似乎一直给下一代讲述这样的故事，这些故事听着也非常具有传奇色彩，可是听了这些故事一段时间后，我发现自己的胆子越来越小，独自一个人呆一会儿就害怕。晚上一熄灭了灯，人身处黑暗中，四周静悄悄的，即便有妈妈陪伴身边，只要妈妈一入睡，我就开始胡思乱想，老是考虑死亡的事情。越想越害怕，后来几乎失眠。

由此可见，好故事作为妈妈们教育孩子的第一本教材，其内容的选择非常重要，妈妈们一定要选择反映真、善、美主题的故事讲述给孩子们听。所选的故事在道理上一定是儿童能够接受的，不要过早地让孩子接触成人世界的一些东西，这样容易混淆视听，给孩子造成一定的认知障碍。

欣最喜欢给女儿讲童话故事，《格林童话》《安徒生童话》……一个接一个的童话，白雪公主、拇指姑娘、巫婆、小矮人、青蛙王子，一个接一个神奇的形象，在女儿心中留下了想象的种子。欣在给女儿讲故事的同时，也一点点教女儿认字，"公主""王子""青蛙"等。慢慢地欣的女儿学会了给自己讲故事，会写简单的字，会自己编故事。欣的女儿的性格也在变，小时候她很内向，不爱说话，现在变得开朗多了。和小朋友们呆在一起，欣的女儿就是焦点，小朋友们崇拜地看着她，她常给小朋友们讲自编的故事，讲得眉飞色舞。在欣的鼓励下女儿开始尝试向报纸投稿，她写的小儿歌、小童话很快被报纸采用。她的写作劲头越来越大，现在欣的女儿已经是当地很有名的童话小作家了。

小故事，大道理，大人生。能够用好故事启迪孩子的人生，是多么美好而幸福的事啊。能够用故事引导孩子，学会听，听明白；学会读，读准确；学会说，说流畅；学会写，写出人生的精彩，确实是一举多得的好办法。小小的故事，可以从多方面给予孩子启迪，让孩子学语文的能力迅速提高。

童话和寓言，多以动物形象编织故事。这些动物鲜活可爱，都生活在孩子们的身边。小孩子都是喜欢动物的，能够赋予这些动物人的生命，采用拟人手法让他们成为故事的主角，小孩子们当然喜欢，因为有了平等交流的感觉。童话的内容多美妙，主人公也多蕴涵真、善、美的性格，因此对小孩子的成长非常有利。另外寓言多是通过动物故事讲道理，可以给孩子更多的人生启迪，帮助孩子树立正确的人生观。在讲述这些故事之后，妈妈们一定要提出一两个问题，既检验孩子注意力是否集中，又可以培养孩子的思考辨析能力。

有个放羊娃赶着他的羊群到村外很远的地方去放牧。他老是喜欢说谎、开玩笑，时常大声向村里人呼救，谎称有狼来袭击他的羊群。开始两三回，村里人都惊慌得立刻跑来，被他嘲笑后，没趣地走了回去。后来有一天，狼真的来了，窜入羊群，大肆咬杀。牧羊娃对着村里拼命呼喊救命，村里人却认为他又在像往常一样说谎，没有人再理他。结果，他的羊群全被狼吃掉了。

这是《伊索寓言》中的一个故事，讲述完这个故事，可以启发宝贝懂得这样一个道理：做人不能说谎，说谎成习惯的话，就没有人相信了。有了危险也没有人会帮你，因为大家认为那些危险是你编造的谎言。

每一个孩子心底都住着一个奥特曼，奥特曼是打小怪兽的英雄，把这些偶像故事讲述给孩子们听，孩子们会带着崇拜的心理来听。那么在听完故事后，孩子们既可以学到偶像的能力与智慧，还可以把握人物表现的技巧。妈妈们可以针对这些偶像故事，点拨一定的语文技巧，帮助孩子逐渐提高语文阅读能力。譬如讲述完"小英雄雨来的故事"后，可以问孩子故事中"谁是主人公？谁是反面形象？雨来是如何逃生的？"等问题。引导孩子在听的过程中学会思考。

有人说语文无国界，不是说语文在任何国家都有，而是说语文是个综合性的大学科。在孩子们要学习的语文课本中，有很多涉及了其他学科的知识，譬如科普故事，可能是数学、物理、化学等方面的知识。在孩子小的时候讲述一些科普故事，既可以拓宽孩子的视野，也可以为孩子将来的语文学习打基础。因为早点灌输，可以让孩子早点了解这些知识，随着年龄的增长，孩子对这些知识的理解水平也在潜移默化地提高，等到以后在课堂上接触到这些知识，孩子们会发现，学起来会非常轻松。

广阔的田野上到处是水田，农民伯伯正在忙着为水稻除去杂草，许多水牛在水里自由自在地游玩。亮亮好奇地问爸爸："为什么这些水牛喜欢泡在水里呢？我们北方的牛可从来没有这样。"爸爸指着几头正在游泳的水牛说："它的祖先生活在很热很热的热带和亚热带，那些地区气温特别高，而且水牛的皮又特别厚，汗腺不发达，它不能利用出汗来维持正常的体温，所以就把身体泡在水里来散发一部分热量，维持正常的体温。"原来是这样啊，亮亮一下子明白了许多。

同龄人的故事，对孩子的影响力会更大。在报纸刊物上接触到一些同时代、同龄人的故事，可以多给孩子讲讲，譬如孝顺的孩子、爱学习的孩子、有特长的孩子、有出色成就的孩子等。因为是同龄人，在孩子的心目中会形成一种对照意识，既有利于孩子自省、矫正自己的缺点，也有利于孩子准确把握不同人物形象特点，对孩子将来的语文学习也非常有好处。

欧阳修、毛泽东、周恩来、张海迪、海伦·凯勒、姚明、林书豪等名人的成长经历都非常富有传奇色彩，如果把这些名人的成长故事讲述给孩子们听，会让孩子们在敬仰名人的同时，也学到人生的经验。而且有些名人是诗歌、书法、小说等方面的高手，讲述他们的故事，也有利于孩子了解文学常识，为将来学语文打好基础。

3.3 亲子阅读的乐趣与收获

　　对于心理还不成熟、自我约束能力差、阅读和理解能力也较差的孩子来说，亲子阅读是一种非常舒服和有效的阅读方式。妈妈在旁边，一是可以让孩子有安全感，还能够对孩子起到一定的监督和示范作用；二是能够筛选孩子阅读的书目，避免一些无趣的不利于孩子接受的书籍，可以让孩子及时找到适合自己阅读胃口的书；三是可以及时帮助孩子解答疑惑，使得孩子的阅读不会出现知识死角。

　　亲子阅读中，妈妈的影响力非常大。最初开始阅读时，妈妈要充分发挥主导作用，因为这时候孩子的选择判断能力几乎为零，所以妈妈要在了解孩子性格、爱好的基础上主动为孩子挑选书籍，譬如最初孩子一般喜欢读图画书，图画色彩越鲜艳，图画内容越有趣，图画线条越流畅的图画书，孩子越喜欢。随着成长，孩子开始喜欢读单纯的有趣的童话寓言等故事，接着是一些与现实生活比较接近的小说、科普读物等，最后才选择读名著。名著虽好，但是往往比较深奥，如果孩子的阅读能力不是特别强，不提倡让孩子首先阅读名著。

　　明明的口语表达强，来自于妈妈的熏陶。小时候明明一直喜欢和妈妈在一起看书。碰到不懂的词语，妈妈就会用绕口令，用排比句或有趣的语言编故事给明明听。时长日久，明明的口语表达能力增强了，他会自己编织儿歌，说绕口令。她的语言表述能力非常强，别人一句问话，就可以引出她叽里咕噜的一大通话。

露莎概括能力特别强。因为无论在读书中遇到多么长的段落、多么长的故事，妈妈总能用一两句话把故事的大意概括出来。在和露莎一起阅读时，妈妈有意识地引导她概括故事大意。日积月累，露莎的概括能力迅速提高。

苏苏的妈妈最喜欢让苏苏在读书过程中拿着彩笔划一划，有时候是在精彩的词语下划，有时候是在精彩的句子下划。常读常划，让苏苏积累了大量的字词。在语文学习中，苏苏因为认识的字多，积累的词汇也丰富，成为语文课上的佼佼者。

林明子的妈妈喜欢让明子在读过一篇精彩的故事后，自己在本子上编写类似情节的小故事。刚开始明子只是单纯地模仿，慢慢地明子编故事的能力越来越强。上学后明子的写作水平特别高，每次上作文课，明子的作文总被当作范文在全班朗读。现在明子是学校文学社的小社长，他领导的那些社员年龄都比他大。

上面故事中的妈妈们都是智慧妈妈，她们没有忽视对孩子的模仿力和成长的培养，有意在亲子阅读中给予孩子一定的阅读技巧上的指导。这些阅读技巧潜移默化中培养了孩子某方面的语文能力，为日后孩子进入学校规范学习语文知识奠定了坚实的基础。

其实，亲子阅读提升一个档次，上升到艺术空间的方法并不难。

亲子阅读时，妈妈要有意识让孩子学习朗读的技巧，譬如模仿人物的口气读，把高兴、难过等情绪读出来，把老人、坏蛋等不同身份的人的语气读出来，把危险关头、意外惊喜来临时的语气等读出来。要多让孩子学习朗读，朗读一是可以锻炼孩子的口语表达，二是可以让孩子在朗读中寻乐，在阅读中体会到故事的内涵，享受到阅读的乐趣。

书中的故事都是由字组成的，在亲子阅读中碰到孩子不认识的字，妈妈可以给标上拼音，可以拿孩子熟悉的日常生活情节组词、造句，可以引导孩子反复读加以巩固，可以让孩子写一写，还可以让孩子熟悉一下查字典的流程。总而言之，阅读也是一个认识字的过程，在孩子阅读兴致正浓的时候，要让孩子尽量多地识字。

小孩子喜欢读的书，要么富有色彩美，要么富有图画美，要么富有故事美，要么人物富有人性美，或者其中涉及到世界各地民俗，还有民俗美等。在亲子阅读中，妈妈要指导孩子弄清楚其中美的事物，让孩子能够鉴赏美、热爱美，能够区分真善美和假恶丑，做一个内外兼修、积极向上、爱美好事物的好孩子。

在故事中，作者总会描绘一些英雄、善良的人物、聪明机智的孩子等形象。像现在动漫中出现的机器猫、少年侠客、围棋国手、蜘蛛侠、蝙蝠侠、奥特曼、孙悟空、哪吒、宇宙战士、名侦探柯南等，都是孩子们喜欢的动漫形象，很多孩子把他们奉为偶像尊崇。妈妈们在亲子阅读中也可以帮助孩子找一个偶像，在安全和成长年龄允许的范围内，让孩子尝试模仿一些行为。

当孩子读完了故事书，妈妈可以尝试要求孩子复述一下故事的大意。这样一是可以检查孩子的记忆力和注意力如何，二是检查孩子的理解力和概括能力。这些都是学语文以后要掌握的能力。不过，妈妈们不要强迫孩子复述，可以尝试让孩子以给自己讲故事的语气讲，引导孩子快乐复述。

古人有"不动笔墨不读书"的告诫。在读书时，可以要求孩子边看故事边画故事的人物或内容，也可以让孩子把喜欢的词句画出来。这样一边读一边写写画画，可以增强孩子的记忆力，把某些重要的东西更深刻地印在孩子的脑海里，为以后的语文学习打基础。

＊＊＊＊＊

3.4　和妈妈一起晨读

早晨，迎着明媚的阳光，在小花园里，在公园的藤椅上，在阳台上，在书房里，呼吸着清新的空气，沐浴着冉冉升起的朝阳，带着"新的一天开始了"的愉悦心情捧起一本书，和妈妈一起泛舟书海，品味书香该是多么幸福的享受啊！

古人说"一年之计在于春，一日之计在于晨"。早晨，是一天的开始，有万象更新的感觉，而且人经过一晚上充足的睡眠后，早晨的精神状态、记忆力通常都是不错的，是一天中最佳的读书时机之一。此时若能积极阅读书籍，一定会在孩子幼小的心灵中留下深刻的记忆的种子。很多年后，这些种子会在课堂上生根发芽。

晨读，要选择一个好的环境。环境好，人的心情就愉悦，接受书中的知识会更快些。俗话说"书读百遍，其义自见"，在一处优美的环境中把心沉静下来慢慢地溶入书中，让思绪在字里行间穿行，实在是一种幸福的阅读感受。

晨读，一定要大声朗读。想想一户人家，听到院外传来一阵阵稚童朗朗的读书之声，会是多么书香飘逸的场景啊。妈妈静静地阅读，偶尔兴起可以和孩子一起朗读，选择一段优美的文段或者有趣、生动的故事场景，跟表演话剧一样，和孩子分角色朗读，也是不错的做法。

晨读，诵读古诗词也不错。因为古诗词语言凝练精粹、琅琅上口，在早晨读起来节奏感很强，有很不错的阅读感受。虽然孩子现在还不能理解这些貌似深奥的古诗词，但是读得次数多了，就会慢慢地背下来。古诗词常读常新重在揣摩感悟，而且可以丰厚孩子的古文化底蕴，所以诵读古诗词也是晨读的首选。

从赵华小时候起，赵华的妈妈就一直督促她起来晨读，时长日久，晨读成了赵华的学习习惯和学习秘诀。赵华的妈妈说，经过一晚上的沉淀，早晨小孩子的记忆力超强，找个安静的地方，选择语文中的古诗词、文言文、小说片段、散文或者精美的句段、词语解释，让孩子反复读、背诵。虽然早晨大约半个多小时的朗读貌似积累不了多少东西，但是日积月累就会积少成多，等过一段时间回过头来看就会发现原来孩子已经记住了很多知识。凭借晨读积累的知识，赵华现在的语文学习得心应手，是学校里的佼佼者。学校有什么诵读、演讲大赛之类，都安排赵华出战。

从赵华的成功来看，晨读确实是培养语文学习素养的一种好方法。妈妈们如果想引导自己的孩子学会晨读，可以依据以下几条建议。

要想晨读有效果，首先要培养孩子早睡早起的好习惯。晚上9点以前上床睡觉，早晨6点左右起床，这样保证了孩子足够多的睡眠时间。孩子才能在早晨起床后精神百倍，记忆力才会强。

因为经过一晚上的好好休息，精神状态不错，记忆力也好，所以此时要让孩子多背多诵读，选择那些古诗词、精彩的故事段落或者语言优美的句段，可以丰富孩子的语言积淀；诵读故事，可以强化孩子的口语表达。此外，还可以让孩子看一些科普方面的小知识，有助于扩大孩子的知识面，拓宽孩子的视野。

小孩子虽然在记忆力方面比大人出色，但是因为年龄小，在忍耐力方面还是比较弱的。所以通常坚持背诵的时间不要太长，太长了孩子会烦而坐不住，会转移注意力到别的精彩事物上。因此晨读时给孩子选择的背诵内容一定要精短些，不可啰哩啰嗦；也不要太过深奥，要浅显有趣些。例如：

静夜思

李白

床前明月光，疑是地上霜。

举头望明月，低头思故乡。

智慧妈妈们在引导孩子背诵时可以加入动作或故事情节，这样孩子一会儿就记住了。

让小孩子一个人独自背诵是不可能的，因为小孩子自制力比较差，背着背着就会思想溜号关注别的事去了。这时提倡进行亲子晨读，可以采用比一比的方式，妈妈读，孩子也读，看谁读得多，看谁读得好。这种比赛背诵的方式，可以激起小孩子的斗志，让孩子倾注更多的心力在背诵上，就会收到更好的晨读效果。

* * * * *

3.5 看电视学语文

　　一方小小的屏幕，在孩子们面前打开了一个广阔的视野，小小的按钮动一动，就可以纵横上下五千年、飞跃七大洲、四大洋。有些孩子爱看动漫、童话、科普栏目、小朋友真人秀等节目，其实，这些节目中就包含着大量的语文知识。

　　像我家里的小朋友喜欢看"动物世界""恐龙复活""百家讲坛""百科探秘""寻宝"等栏目，这些栏目让小朋友学到了很多成语、典故、民俗、文学常识，还有语言表达、审美思考、写作技巧等多方面的知识。有时候小朋友会对着屏幕上打出的字幕嘴里念念有词，把认识的字读出来，有时候也会读半边字，闹一些笑话。有时候电视上朗诵古诗词，小朋友就跟着读，碰到不懂的还会让我给他解释。有时候，自己读童话时他会指着某个字或某句话对我说，"这个，电视上演过。"是电视，让小朋友学到了很多新奇的语文知识。

　　2013年对于中小学生来说，最火的是"汉字书写大赛"栏目，这个电视栏目吸引了全国众多的家长、学生、老师的目光。因为很久以来教育教学改革中，对生字词的考查题型已经在逐渐缩水，所以很多学校并不是特别重视汉字书写的准确问题。再加上网络的兴起，网络语言的泛滥，很多孩子在基本的识字、写字上都存在极大的问题，有的专家说我们对母语的重视程度逐渐降低，呼吁重新关注母语，从最基本的识字、写字抓起。事实证明"汉字书写大赛"确实把这种对母语的忽略问题暴露了出来。妈妈们如果带着孩子看这个栏目每一期节目，让孩子跟着识字、写字，这样做就会大幅度地提升孩子的汉语词汇量。同时因为是看节目，孩子学习的兴趣也会非常浓厚，学习汉字的效果一定非常好。

语文是需要想象力的，看到某个故事栏目突然到片尾了，妈妈们可以针对故事提几个启发性的问题，引导孩子想象故事的发展和人物的命运，并从中提炼深刻的思想主题。妈妈也可以引导孩子逐渐学会认识真善美，摒弃假恶丑，能够在思想意识和写作上歌咏真善美的东西。那么，我们即使带着孩子看电视故事，孩子也会有收获的。

要想有效增长孩子的语文知识，在所看的电视栏目上要有所筛选，避免言情、惊悚、武打等不利于孩子成长的节目，选择常识性比较强的栏目，譬如《成语故事》《汉字书写大赛》《动物世界》《寻宝》等栏目这样的栏目知识性强，有利于开拓孩子的视野。

孩子对真善美、假恶丑的区分不是那么明显，选择故事性强的节目，比如看动漫《哪吒》《西游记》《花木兰》等，看儿童电影《马兰花》《小兵张嘎》等，可以让孩子在看到唯美画面的同时，也了解人物的人性美、故事的立意美。在看的同时，妈妈再略略一点拨，引导孩子趋向真善美，就可以提高孩子的审美意识。这样，孩子在语文学习中，从语言表达到分析文章，以及到写作，都能有一个正确的思想导向。

现在的很多电视栏目都是出字幕的，这些字幕可以帮助孩子认字，积累词语和成语，纠正对某些词语的错误理解。在关注字幕的同时，妈妈可以为孩子们念，还可以教孩子念，对于孩子念得不对的字可以纠正。妈妈还可以解释字幕上出现的某些词语的意思。妈妈也可以想个有趣的招式，譬如抓着孩子的手指在自己的手掌上写。这样做的目的在于潜移默化中让孩子记住很多字词，丰富孩子们的词汇量。

电视栏目带给孩子的是视听的冲击，很多孩子看完热闹就完事了。此时若妈妈能适当针对电视栏目，结合孩子的认识现状提几个需要孩子略微思考后才能做出回答的问题，那么一方面可以引导孩子养成动脑思考的好习惯，另一方面可以加深孩子对某些问题的分析、理解能力。

　　在一些影视栏目中往往有经典的台词和情节，这些台词和情节对于启发孩子写作是很有帮助的。针对有些好玩的台词、情节，可以在孩子面前讲一讲，告诉孩子这段话好在哪里。简单一点拨，孩子就会明白"哦，原来我也可以这样来写作文啊，我的作文也可以这样有趣啊"。慢慢地，孩子的语言表达水平就上去了，好作文就诞生了。

* * * * *

3.6 去公园学作文

公园是妈妈带孩子常去的地方，无论是晚上的散步，还是周末的散心，很多妈妈会带孩子去公园。利用到公园的机会，启发孩子写作文，也是个不错的方法。

在公园里，我们通常采用的是移步换景的方式，走到哪里看到哪里，看到哪里就会了解一下那里的景色。所以在母子散步的过程中，妈妈可以一边走一边指导孩子，如果选择公园作为写作场景的话，可以写哪些人物、景物，可以从哪些角度去描写。譬如写人，可以写单个的人，以竹林飒飒为背景，写一个老人穿着白色的练功服，白胡子飘飘，在竹林中练习太极拳；可以写群体人物，晚上灯火通明，在广场上有一群爱好跳广场操的老头老太太，最近很多喜欢健身的年轻人也加入进来，抓住这群人的跳舞姿态和跳舞热情，就可以把一个场面形象写出来。

在公园的不同角度，可以看到同一种景物或不同的景物，妈妈可以指导孩子了解什么是观察视角。仰视可以写哪些景物，譬如蓝天、白云、高树和建筑物、灯塔等；俯视可以写哪些景物，譬如写草坪，写广场上活动的人们，跳舞的、打陀螺的、遛狗的、打锣鼓的、扭秧歌的等。远望可以写什么，近看可以写什么等。观察视角，对于从不同角度写人物、景物是非常重要的。

具体到一种事物该如何写，妈妈可以带着孩子到事物前细细观察，譬如观察月季花，可以从颜色、花瓣、香气、多刺的茎等角度引导孩子如何描绘，还可以从爱护花草等环保角度引导孩子。也许这种指导暂时不会看出它的作用，但是时长日久就会让孩子积累很多写作经验，孩子会在写作中慢慢利用这些写作技巧。

别看孩子瞪着明亮的眼睛到处看光景，其实孩子只是在看热闹、看色彩、看有趣一点点的东西；对于那些其实没有特别吸引力的事物，孩子是不会去关注的。此时，若妈妈能够引导孩子观察事物，譬如从色彩、形状、味道等角度，从远近等视角，就可以让孩子学会观察事物的方法，孩子以后能养成善于观察事物的好习惯，而这对于写作很重要。

眼前事物有很多，该选择哪些事物写进作文中？妈妈可以引导孩子们选择最喜欢的东西进行详细的描述，看到什么写什么，同时能够注意详略，能够抓住事物的特点，把最喜欢的事物写出个性与特色。

口头作文是一种比文字作文更有效地锻炼孩子写作的方式。现在很多孩子手、口、眼、脑不协调，有时候脑子里想着，可是下笔就写不出来，有时候眼睛里看着，却感到无物可写。在公园里遛弯时，看到一些孩子感兴趣的人物或景物或某些场景，可以让孩子试着用口头描述。若是孩子描述不上来或是用词不当，妈妈可以采用提问的方式拓展孩子的思路，引导孩子用准的词语来形容眼前的景象。当孩子用嘴巴可以流畅地说作文的时候，那么落笔写的时候，就会思路清晰、滔滔不绝了。

无论看花、看草、看风景、看人物，妈妈别忘记了给孩子灌输积极的人生观。关于亲情、友情、人生、生命、环保、理想、素养等方面的引导，可以让孩子正确看待事物，在作文中能够以健康积极的态度去描绘事物、抒发感悟，不要说一些消极、悲观、偏激的语言，不要表露一些不正确的观点。

如何描述眼前的事物呢？看到一个晨练的老人，妈妈可以告诉孩子该从外貌、语言、动作、神态等角度去描写；看到花，告诉孩子可以从颜色、形状、气味、花语、药用价值等角度去写；看到广场热闹的场面，妈妈可以告诉孩子怎么写场面，既要写众多的人，这伙人在做什么，那伙人在做什么，也要写"点"，即个别人，做到点面结合。也许，妈妈没有掌握那么多深奥的写作技巧，但是此情此景的点拨，远胜过课堂上老师没有实物空洞的讲解。

3.7 培养妙语连珠的好孩子

您的孩子嘴笨吗？嘴笨的原因是什么呢？小时候，女孩子相对于男孩子语言表达能力要强一些，所以我们比较同龄的孩子会发现，女孩嘴很巧，男孩子在描摹事物上就显得比较笨拙。当然除了性别的因素外，由于性格的原因，很多孩子也存在着语言表达能力的差异。在公众场合大家注意观察就会发现，无论男孩还是女孩，那些性格外向、妙语连珠的孩子非常受大家的欢迎，而那些嘴比较笨的孩子，社交能力就相对来说差很多。所以，很多妈妈都希望自己的孩子在公众场合能够妙语连珠。

英的女儿是一个嘴比较笨的孩子，英为此很发愁。在幼儿园里，英的女儿就像一只孤独的丑小鸭，没有一个孩子喜欢和她玩，因为别的孩子和她对话时，她常常急得一头大汗，还是蹦不出一句连贯的话。家里来了客人，英的女儿总是躲在大人背后，因为她太怵和生人对话了。如果客人问急了，她就会紧张得结结巴巴。英为此很发愁。漂亮的女儿，怎么会在语言表达上这么差劲呢？后来她发现，女儿对着蚂蚁、花朵、漫画书时话可多了，她嘴里念念有词，口齿特别伶俐。英弄明白了，可能女儿不像别的孩子，在所有说话对象面前都能放得开，她只是在喜欢的事物面前表露自己的内心。于是英子尝试和女儿进行成语接龙，锻炼女儿的快速反应能力，增加她的成语积累；同时英子还尝试和女儿一起看一些口语表达类的电视节目，让女儿对照那些荧幕人物查找自己的缺点并努力改正；除此之外，英子还教女儿读绕口令，带着她去商场买东西砍价，还带着她去朋友家里玩。慢慢地，女儿的话越来越多，而且时不时蹦出一两句精彩的话语，让周围的大人都感到很吃惊。如今，英的女儿已经上初中，她在市里的演讲比赛中拿过一等奖，还在学校辩论赛中做过一辩手，真正成了一个说起话来妙语连珠的好孩子。

英女儿的故事启迪我们，如果妈妈能够及时发现孩子在说话上的弱点，及时给予孩子正确的引导，孩子一定会在语言表达上提高很快。那么，该如何培养出一个妙语连珠的好孩子呢？

要想孩子说话妙语连珠，孩子的话里得有料。譬如说话时，有的孩子嘴里冷不丁地蹦出成语、俗语、诗句或社会流行语，这会让人感觉特别有意思。"嘿！这小家伙懂得挺多！"引来人家这样的评价。当在社交场合，孩子因为流利的话语一次次引起周围人的夸赞，就会形成良性循环，孩子会平时注意积累更多的类似词语，从而说出更有趣味的话语来。

现在涉及口语表达栏目挺多的，像抢答、辩论赛、对抗、故事会、个人选拔赛等，很多选手在过关或者比拼过程中，都会在语言表达上有很多精彩的表现。多看此类节目，可以让孩子在潜移默化中学到口语表达的技巧，孩子也会在日常生活中潜意识地去模仿。那么，时长日久孩子的口语表达水平也会提高很快。

有的孩子说话慢，且拖泥带水，或者别人和他说半天了，他还心不在焉。针对这样的孩子，要多做成语接龙练习，或者让孩子练习绕口令，例如：八百标兵奔北坡，炮兵并排北边跑；炮兵怕把标兵碰，标兵怕碰炮兵炮。通过这些练习，可以提高孩子的反应速度，可以让孩子口齿伶俐地回答他人的问话。

现在有很多杂志和书籍，是专门针对孩子进行口语训练或经验传授的，妈妈可以和孩子一起看这样的书，譬如《演讲与口才》《金口才》等。让孩子在书中找寻规范的语言表达，或者在名人口语小故事中汲取教训、借鉴经验。专业的指导会让孩子迅速提高语言表达能力，而书中那些有趣的小故事或典例，会在孩子的脑海中留下深刻的印象，会让孩子一生受益。

面对不同的说话对象，孩子在说话时应该有所禁忌；在什么场合说什么话，也是孩子需要谨记的。另外日常我们发现，有些孩子嘴巴跟机关枪似的，貌似也挺能说，但是他说完了之后大家不明所以。所以妈妈还要帮助孩子梳理说话的条理性，让孩子无论说多说少，说得有趣还是没趣，一定要表达一个完整的说话中心，一定要有条理性，不能东一榔头西一棒槌地乱说。

* * * * *

3.8 把孩子培养成故事大王

会讲故事的孩子，通常想象力特别丰富，即使一个不起眼的小虫虫也会成为他故事里的主角。我曾经接触过许多从小就会讲故事的孩子，他们会写童话、写科幻小说，很小的年纪就出版了自己的童话书、科幻小说。也许你的孩子现在的想象力没有那么丰富，但是如果妈妈引导得法，孩子也是可以成为一个讲故事的高手的。

小宇今年14岁，已经是一份少年杂志的主编了。他的手下领导着十几个成年人，可是他兼职主编还做得游刃有余。小宇从小爱哭，哭的时候妈妈就给他讲故事，有时候妈妈没时间了，就用学习机播放故事给小宇听。小宇从小就对那些故事很感兴趣。妈妈小时候教小宇认字的方法也很独特，她总是找一小段《伊索寓言》故事，先讲给小宇听，然后让小宇认字。因为先听了故事，小宇再认字就特别快了。慢慢地，小宇不光认识了很多字，而且常常喜欢念念有词地编故事。他自己说着玩，妈妈就偷偷地给他用手机录下来，然后播放给小宇听。听着自己讲的故事，小宇咯咯地笑起来。上学后，小宇从几百字的童话故事写起，他写好了妈妈帮他往报纸刊物上投稿，后来小宇的故事越写越长，最终成为了一个出名的少年作家。当时那家杂志经营不善，他们主动上门找小宇做主编。小宇带领着一帮编辑，搞栏目创新，现在这家少年杂志办得特别好。

　　小宇能够成为一个故事大王，与他儿时的经历分不开。这一方面得益于他的个人爱好，另一方面是小宇妈妈的有效引导。由此看来，只要妈妈引导得法，其实是可以把孩子培养成故事大王而让他受益终生的。

　　妈妈的榜样作用是很重要的，走在马路上或者公园里，看到一只狗狗，就给孩子讲个宠物狗的故事；看到一种奇怪的花，就给孩子讲食人花的故事；逛超市看到一个奇怪的人，就给孩子讲警察抓小偷的故事。总之，只要看到"源头"受到启发，妈妈就给孩子讲故事，这些故事可以是家里人经历过的，可以是道听途说的，也可以是妈妈现编的。不管什么故事，对孩子的吸引力都是极大的，因为没有人会拒绝听有趣的故事。这样，时长日久受妈妈的影响，孩子一定会变成一个会讲故事的好孩子。

　　"读书破万卷，下笔如有神。"读的故事书多，孩子脑海中装的故事人物和线索自然就多，他就更容易加工人物和重组故事。在这个基础上若孩子再加上丰富的想象力，就可以编织出思路更清晰、更有新意的故事。因此，妈妈给孩子足够多的故事书刊看，就是打开孩子通往故事宝库的金钥匙。这些故事刊物，可以订购，也可以到书店让孩子自选，还可以以礼物的方式赠送给孩子。或者可以到图书馆去借，有的时候"书非借不能读也"。总之，经过多途径的阅读，孩子的小脑袋瓜里就会装满故事。

　　光有故事不行，不能像闷嘴葫芦似地表达不出来。因此，当孩子积累了一定数量的故事后，妈妈要创造环境让孩子给其他同龄人讲故事，可能要失败一次两次，但是经过多次的讲故事历练，孩子就敢于在公众场合把自己的故事"亮"出来，并且思路连贯地讲述给其他小朋友听。讲述故事的过程，其实就是一个严谨的思考过程。经常讲故事、会讲故事的小朋友，将来的语言表达、作文能力一定比其他同龄孩子要高得多。

　　从前，有个小孩长了一颗奇怪的牙齿，这颗牙的样子像苹果。因为这颗牙奇形怪状，其他牙齿都不喜欢它，所以它们合在一起用力挤这颗牙齿。尽管这颗牙齿力大无穷，可是势单力薄，最终被其他牙齿挤掉了，所以这个小孩就掉了一颗牙齿，从此成了一个说话漏风的小孩。

　　这是宋洁的儿子正在绘声绘色地给其他小朋友讲的故事。这个故事存在吗？不存在，是宋洁的儿子自己编的。它有趣吗？看看小朋友乐呵呵的样子，就知道这个故事一定有趣了。这都是宋洁引导儿子讲故事的结果。

　　亲子活动最有利于孩子的成长。只有母子二人在一起的时候，妈妈可以用讲故事比赛或采用故事接龙的形式，鼓励孩子努力构思故事。比赛的气氛，更有利于孩子的大脑快速反应，提高构思故事的能力。譬如以小猫为故事主人公，妈妈先讲述一段故事，小猫偷鱼吃，然后让孩子接着往下讲述，孩子的想象力很奇特的，他可能构思那条鱼复活了，偷偷跳到鱼缸里，小猫找不到了。不论孩子构思的故事有多么离奇，只要是积极健康的，妈妈就要多鼓励，而不要用成人的思维盲目纠正孩子的看法。

　　兴趣是最好的老师。当孩子能够流畅编织故事的时候，妈妈可以先用笔把孩子的故事记下来投稿，让孩子看到自己的思维成果；妈妈还可以引导孩子自己把故事记下来，积极向报刊投稿。当孩子的故事变成铅字、以稿费的形式回报给孩子的时候，孩子就会发现自己的价值和闪光点，从而更加努力地构思故事，更多地写故事，进而努力把自己培养成一个故事大王。不，应该是一个小作家。

* * * * *

3.9　智慧妈妈的"练字"妙招

俗话说"字如其人"。妈妈都希望自己的孩子有一手漂亮的字，因为孩子那么可爱，怎么能让一手蹩脚的字毁了他在别人心目中的形象呢？可是孩子这么小，该怎么让他练一手好看的字呢？确实有难度。因为练字是需要孩子能够坐住屁股、耐住性子，日积月累的坚持，而贪玩、好动是大多数孩子的天性，让他坐下来规规矩矩地练字，实在太难。

小夏的房间里贴满了神秘的字条，字条里写了什么呢？原来是五个字。每个字条里都有五个字，这五个字就分布在字帖里。每天起床洗漱后，妈妈让小夏随便选字条，选中的字条打开后，里面的五个字需要小夏到字帖里去找，找到后，就在该字后面的田字格里练一行。当然这些字条里也有空白的，如果抓到空白的，小夏这天就不用练字了。字条里还有小礼物，小夏如果抓到了小礼物就更开心了。采用这种方式，小夏多数日子每天早晨都练习五行字。这五行字最初是描摹字帖上的，后来变为临摹，再后来就是听写。妈妈在小夏读过的童书上随便选内容，听写前妈妈让小夏把童书先自己看一遍，然后再听写十个词语。如果全对了，字还很漂亮，那么小夏就会得到一个小礼物。在妈妈的这些有趣的方式激励下，小夏练字的积极性可高了。如果哪天妈妈忘记了，小夏还会主动提醒妈妈，一定记得听写哦，因为写对了是有礼物的。妈妈们，你们尝试过这些方法吗？

　　上面故事中小夏的妈妈是一个有心人，她利用抓阄、听写、送小礼物等方法激励小夏练字，从而使小夏心情愉快地接受了练字的训练。其实，要小孩子静下心来练字真是很不容易的事，这确实需要妈妈付出很多努力。

　　妈妈可以在一个瓶子里设置一大堆纸团，每个纸团上可以有礼物，可以有空白，可以有或多或少的字。如果孩子抽到带字的，就让他对着字帖上相同的字进行描摹。若是孩子字写得比较好了，可以采用临摹法。这样每天坚持写几行字，就可以潜移默化地提高孩子的书写水平。

　　每天规定孩子练三行字，若是孩子的写字态度特别好，第二天可以给孩子减负，以奖励的方式告诉孩子今天不用练了。为了能够第二天有足够玩耍的时间，孩子一定会在当天认认真真地把字练好。有时候教授给孩子练字的技巧，不如孩子有个认真练字的好态度。如果态度端正了，那么孩子练字的效果肯定很显著。

　　孩子练字练得好，可以适当给一点奖励，譬如给小礼物，带着孩子去广场玩，去书店买书，或者做短途旅行，或者吃一顿美味。奖励可以让孩子更有动力与信心，他会为了未知的礼物拼命把自己最优秀的一面表现出来。在奖励激励下，孩子的字也会进步很快。

　　竞争是每个人都有的心理，一旦对手出现，每个人都想战胜对方，采用PK法会很有效。我们可以利用亲子PK法，也可以在同龄人中PK，给孩子一点小小的挫折感或胜利感。若是失败了，妈妈要鼓励孩子凭借自己的努力勇敢地战胜对方；若是胜利了，妈妈要鼓励孩子继续努力，力争把字写得更漂亮，战胜更多的对手。在竞争心理的激励下，孩子的进步也会很快！

　　在家里或者周围人以及名人中给孩子找一个偶像，然后从字的角度让孩子对偶像产生崇拜感，这种崇拜感会督促孩子努力练字，练一段时间后，可以让孩子和偶像交流一下。在偶像的鼓励下，孩子对自己也会增加信心，会写出更漂亮的字。

第四章

智慧妈妈的"数学"小窍门

数学，生活中处处用得着。智慧妈妈可以利用生活中的一些小细节，引导孩子学好数学。数学，对于孩子来说就是数字的基本运算，而数字是比较枯燥的。妈妈可以巧妙地利用生活中的一些情景把数字运算融合进去，让孩子轻松地学数学。

4.1　让孩子成为数学迷

　　1、2、3、4、5……有些妈妈只是枯燥地教孩子认识这些数字。这些数字是什么呀？一位头脑灵活的妈妈告诉孩子，那是一根木棒、一只鸭子、一只耳朵、一面小红旗、一个称菜的钩子，这些东西各自代表了一定的数字。说完，只见这个妈妈拿出一把雪糕棍，从中拿出相应数字的雪糕棍，让孩子数一数1、2、3、4、5，孩子很快就记住了。为什么呀？因为雪糕是孩子经常见到的和吃有关的东西，孩子总是很容易就记住了。后来，这个妈妈又用筷子、树枝摆出"+""–""×""÷"等符号，并引导孩子进行加、减、乘、除的运算，孩子都掌握得非常快。为什么会这样呢？这就是"形象化+实物化"教学法的运用优势。

　　数学知识是很抽象的，对于抽象思维没有建立起来的孩子来说，只是单纯地靠嘴巴教，靠做题练习反复强化是不行的。需要结合小孩子的特点，多运用形象化的教学手段，化抽象为具体，才能让孩子喜欢上数学。

　　儿子小的时候，花最喜欢和儿子玩扑克牌。五十四张扑克牌，花让孩子记得滚瓜烂熟。最初他们玩大吃小，孩子逐渐对十以内的数字有了更深刻的了解。后来就是用扑克牌做加减法，儿子算得也特别快，再后来是背九九乘法表、做乘除法。小小的扑克牌在花和儿子之间建立起了沟通的桥梁，也让花的儿子深深喜欢上了数字。儿子渐渐不满足于总是妈妈出题考自己，现在他会变着法子出难题考妈妈，什么连线题、数独题，儿子出得有模有样。而且在班级里儿子绝对是个难不倒的数学大王。

　　上面故事中的花以扑克牌为媒介，让儿子成为了难不倒的数学大王。由此可见"兴趣是最好的老师"，它可以引导孩子成为一个小小数学迷。各位妈妈，您的孩子喜欢数字、喜欢学数学吗？若是不太喜欢，请采用下面的方法让他成为数学迷吧！

　　孩子每天要接触到大量吃的东西，譬如饮料、奶制品、火腿、巧克力、糕饼、干果、水果等，这些食物与数字有极大的关系，譬如出厂日期、保质期、购买数量、包装数量等。妈妈可以从最基本的数字开始，逐步到应用题，譬如吃掉多少，还剩多少；给小明多少，给小咪多少；原有多少，奶奶又给买了多少等。凡是与数字有关的题目，都可以设置出来，让孩子了解数字、喜欢数字，进而熟练地运用这些数字。食品随处可见，吃的同时还可以玩数字游戏，孩子当然喜欢。若是妈妈出的题目特别有趣，孩子的兴趣就更浓厚了。

　　可操作的活动，可以帮助孩子更快地了解数学知识。所以针对这一特点，可以用天平、体重计、尺子等，尝试称一称水果的重量、家人的体重，量一量自己的身高、爸爸的裤子、妈妈的手指长度等，量完后把数字记下来。在纸上比较一下，谁大谁小，谁高谁矮，谁粗谁细，谁轻谁重等。通过让孩子自己动手操作，孩子可以对数字有更形象的了解，这样在数字计算时就会形成立体的印象，运用起数字来会更顺畅。

　　平时出去玩或者旅行的时候，到处可以接触到与数学有关的知识。譬如几棵树、几头牛、几个山洞、几只小鸟，妈妈要采用启迪法经常提问孩子，让孩子时时刻刻学数学。大自然那么美丽，我们的生活那么热闹，走到哪里都可以数一数、算一算、想一想，开始孩子可能表现得比较笨拙，当练习多遍之后，孩子的运用能力就会越来越强，这时再逐渐引导孩子进行数字计算、了解各种数学图形等。

　　家里需要用什么东西，该买多少，花多少钱，妈妈可以让孩子帮助做预算，引导孩子关注身边的生活。孩子对于能够自己做主的事情，是比较好奇和有自豪感的。妈妈可以帮助孩子清点家里缺什么，也可以告诉孩子这个东西需要多少钱才能买到，然后让孩子在纸上列出来，带着孩子逛超市买东西。买回东西之后，可以让孩子做清点看数量够不够，估算能够用多少天，保质期是多少天。孩子在妈妈的指导下，拿着自己预算买来的东西跑来跑去，放在相应的位置，孩子就会非常有成就感。所以，下次碰到倒腾数字的问题，孩子还会非常乐意做。

　　为了让孩子喜欢上数学，妈妈还可以联合家人或者其他妈妈，让孩子们进行PK。竞争的引入，可以增强孩子的好胜心，谁不喜欢成功呢！为了能够拿第一，能够战胜对方，孩子当然会努力地熟悉那些数字或计算题，这样无形中孩子学习数学的效果就增强了。无论孩子取得了成功，还是失败了，家长都不要过分呵责，因为这是故意训练孩子的一种方式，重在参与，重在激励孩子，让孩子找差距更加努力学习。所以家长应该多鼓励孩子，发现孩子一点点进步就表扬，让孩子彻底喜欢上数学，变成一个数学迷。

* * * * *

4.2 阿拉伯数字的魔法

你会变魔术吗？左手一捻，捻出个2；右手一捻，捻出个3。魔术让数字有了神奇的色彩，孩子会想，"啊，原来这些数字是来自魔法世界的啊。"孩子都喜欢看魔术，看到能变出数字的魔术自然更喜欢，因为对魔术的喜欢，便会衍生出对数字的喜欢。妈妈可以利用孩子喜欢神奇的魔法这一点，逐渐引导孩子喜欢上数字。

圣诞节快到了，依依决定给儿子组织一个数字魔法派对，她邀请了一些朋友的孩子，大家每个人穿了一件长衣服，胸前挂着一张硬纸板，硬纸板上写着数字。第一个魔术节目叫变变看，依依一出场就把其中一个小朋友身上挂的牌子由6变成了0，这让孩子们感觉非常神奇。接着依依又让两个孩子随便组合，她经过一番比划之后猜中两组小朋友合起来的数字各自为8和12，孩子们感觉更神奇了。他们围住了依依阿姨，都表示要跟依依阿姨学习数字魔法。妈妈们见孩子们"上当"了，于是纷纷表示支持。就这样孩子们成了依依阿姨的学生，他们从依依阿姨这里学到了很多有趣的数学知识。

依依阿姨的这个数字魔术，还是有一定骗局的，因为她提前在硬纸板上做了手脚，所以看着纸板上的小区别，依依阿姨就会很快猜出是哪些数字，而6只要轻轻一拉，就可以把下面弯钩的那一块拉上来，变成0。下面的数学魔术，妈妈可以给孩子尝试一下。

譬如：**数学猜心魔术**

1.让对方随便写一个五位数（五个数字不要都相同的）

2.用这五位数的五个数字再随意组成另外一个五位数

4.用这两个五位数相减（大数减小数）

4.让对方想着得数中的任意一个数字，把得数的其他数字（除了对方想的那个）告诉你

5.表演者只要把对方告诉你的那几个数字一直相加到一位数，然后用9减，就可以知道对方想的是什么数了

例：五位数一：57429；五位数二：24957；相减得：32472；

心中记住：7；余下的告诉表演者：3242；

表演者：3+2+4+2=11；1+1=2；9-2=7（即对方心中记住的那个数）

再譬如：**数字预言魔术**

1.在纸上写下1089预言数字后折起来请对方保存。

2.请对方在0～9中选三个数字排列成一个三位数，数字要成递减方式，如851、743等。

3.用该三位数，减去其反向的数字，如851-158=693。

4.得出的值再加上其反向的数字，即得所预言的数值1089（693+396=1089）。

这些魔术看起来比较简单，但是对于孩子来说却充满了神秘感和吸引力。孩子会因此而对数学产生浓厚的兴趣，从而沉浸于数学的世界中，在那些数字、定律和几何图形中不可自拔。

七巧板大家都玩过，学几何图形最好的方式是玩七巧板。下面这幅图是七巧板魔法中最经典的一个，连许多成年人都感到迷惑，找不到解释的答案。妈妈们看，用了同样数量的七巧板，可是摆出来的三角形的面积却

截然不同，这是为什么呢？如果妈妈把这个题目出给孩子，相信孩子一定会对几何非常感兴趣的。

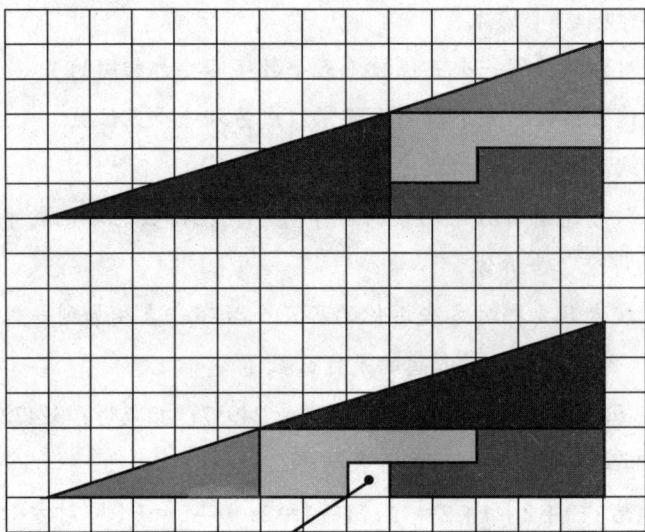

好了，那么妈妈该以怎样的方式引导孩子从数字魔法当中学习数学呢？

因为孩子对于数学知识了解得并不多，妈妈可以利用这一点，把普通的加减乘除以魔术的形式包装出来迷惑孩子，让他发现数学世界的神秘，从而对数学产生浓厚的探究兴趣。当然妈妈设计的题目不要太难，太难孩子做不出来，就会产生畏惧心理进而不感兴趣了。

利用一些定理和公式，妈妈可以设计"早知道魔法"，譬如针对生日、年龄设计题目，譬如从1加到10等于55、从1加到100等于5050等。因为孩子并不知道其中的奥秘，所以感觉妈妈真神奇，居然可以变这样有趣的魔术。"我也要好好学习数学魔法，去到我的小朋友中间晒一把"。在这样的心理驱使下，孩子会更加努力地学习数字知识的。

为了帮助孩子了解更多的数学知识，妈妈可以动员全家人开展数学魔法游戏，譬如"抓阄变变变""魔法我最大""看谁定得住"等。试想在客厅里，全家人围着孩子玩一个有趣的魔法家庭游戏，这样的亲子活动一定会非常受小朋友欢迎的。

　　最近看新闻看到一个美国中学生玩扑克在比赛中获胜，获得很多美元奖金的故事。由此可见，只要引导得法，孩子也可以在扑克中找到玩数字的乐趣。譬如大小PK、偶数、奇数、加减乘除，还有其他一些与数字有关的知识，都可以在一把小小的扑克牌中学透彻。若是你的孩子喜欢扑克，那妈妈就在扑克上做做文章吧！

　　数独是现在最流行的一种数字游戏，无论成人还是孩子，都非常喜欢这款游戏。因为游戏中要用到诸多的数字运用技巧，所以对于孩子喜欢上数字是非常有好处的。妈妈可以找几款比较简单的数独游戏和孩子一起玩，如果孩子经过妈妈的点拨把数独填充正确了，妈妈要多表扬孩子，因为数独游戏确实有一定的难度。若是能让孩子在数独游戏中玩出乐趣来，那对孩子学数学帮助非常大。

*　*　*　*　*

4.3 被窝里也能做口算

对于小孩子来说，把算术当作一门课抽出正式的时间学习固然好，但更好的方式是化整为零，利用好一些零碎时间来学习。譬如孩子临睡前或者早晨、中午睡觉起来，都是孩子脑力比较好的时间，利用这些零碎时间学习口算，效果相当不错。

如果孩子能够把100以内加减法计算得非常流畅，孩子将来到学校里面学数学计算时也绝对是个快手。我的孩子上幼儿园时20以内的加减法学得不好，到了小学后很长一段时间在计算速度上都比别的孩子慢，俗话说"一步落下十步难赶"。为了弥补这一点缺陷，我开始利用点滴时间提高孩子的口算速度，尤其在孩子睡前睡后，经过一段时间的艰苦训练后，孩子的计算能力终于提高了。

琴引以为豪的就是对儿子的数字渗透。琴的儿子从小讨厌学习，贪玩坐不住，喜欢东跑西跑，让他坐住屁股，真是难事，为此琴伤透了脑筋。眼见孩子越来越大，渐近上小学的年龄，琴发现孩子的脑子还是一张白纸，对数学超级不感兴趣。为了培养儿子对数字的领悟能力，琴开始利用点滴时间让儿子认识数字，开始进行基本的口算训练，从10以内加减法开始逐渐递增，一直到100以内的加减法，接着是九九乘法表的背诵和乘法训练，最后是除法。琴最喜欢儿子呆在被窝里时，对儿子进行口算训练。此时的亲子气氛特别浓，妈妈斜倚在床头，守着可爱的宝贝，小家伙享受着温馨的母爱，听着妈妈给出的口算题，这确实是一种享受。偶尔算错了，还可以撒撒娇，这样孩子学起来特别轻松。所以这种"母爱+被窝的轻松氛围+口算"的方式，孩子很容易就把加减乘除倒腾明白了。

上面的两个小故事，都让我们看到了睡前睡后做口算的效果。其实很多孩子睡前要玩很长一段时间才能入睡，睡醒后也喜欢赖床撒娇，利用好这段亲子时间，对提高孩子的口算能力非常有好处。

妈妈先来出口算题考宝贝。妈妈最初出的题目要简单些，覆盖面要广，要适当反复训练，提高孩子口算的熟练程度。宝贝答得准确率高，妈妈可以拥抱一下，也可以亲吻一下宝贝的脸。考的过程要从10以内加减法，到20以内，进而到40以内，逐渐到100以内，最好天天坚持。

可以设置宝贝考妈妈环节。很多孩子喜欢做小老师，教大人学数字，那就由宝贝来出题考妈妈。妈妈要积极配合宝贝，让宝贝体验到出题考妈妈的乐趣。

除了简单的数字加减外，也可以出口算小应用题，譬如一只鸡有两只脚，五只鸡有多少只脚？一头牛有四条腿，三头牛有几条腿？树上有十只鸟，有个人放了一枪打死了两只鸟，问树上还有几只鸟？这些有趣的小应用题，可以提高孩子的想象力，而且通过实物计算的方式也增强了孩子的口算能力。

当宝贝口算速度比较快的时候，也可以出错题，让宝贝来挑错。譬如9+8=18，孩子听了后，马上会发现妈妈算错了，这种挑错的方式，可以检验和巩固孩子的口算能力。还可以出钱币的题，譬如有15元钱，买9元的面包后，还剩下5元，孩子听后马上发现算错了，应该剩下6元钱。这种挑错的方式，可以锻炼孩子对数字的敏感度，可以增强孩子的实际应用能力。

也可以搞口算抢答，爸爸做主考官，妈妈和孩子一起抢答。妈妈要适当增加一点计算时间，给孩子战胜妈妈的机会。当孩子能够一次次战胜妈妈的时候，孩子的自信心和参与兴趣会更浓厚。

4.4 游戏里的数学

鲁迅说"游戏是儿童最正当的行为，玩具是儿童的天使"。我的孩子如今十五岁了，依旧喜欢玩各种玩具，喜欢和大人玩游戏。根据孩子的这一特性，妈妈可以尝试用游戏的方式来教孩子学习数学。这些游戏妈妈可以借用经典的游戏，譬如拍手歌中的"你拍一，我拍一，一个小孩坐飞机。你拍二，我拍二，两个小孩丢手绢。你拍三，我拍三，三个小孩来搬砖。你拍四，我拍四，四个小孩写大字。你拍五，我拍五，五个小孩敲锣鼓。你拍六，我拍六，六个小孩拣豆豆。你拍七，我拍七，七个小孩穿新衣。你拍八，我拍八，八个小孩吃西瓜。你拍九，我拍九，九个小孩齐步走。你拍十，我拍十，十个小孩在学习。"妈妈也可以借助玩具玩游戏，譬如"丢色子，跳方格"，根据丢出的色子朝上的一面显示的数字跳相应的方格。现在市面有很多卖跳格游戏类的玩具，妈妈可以买回来和孩子一起玩。妈妈还可以自己创造游戏，譬如"比比谁的反应快"，要求妈妈伸手出三，孩子出二，孩子出的数字要比妈妈出的总是少一，孩子总想争先，在这种竞争氛围之下，孩子对数字的领悟能力会更强。

冰为了让女儿能够认识数字和熟悉数字，买了一套家用保龄球设备，没事的时候，冰就和女儿玩丢保龄球的游戏。一个保龄球丢出去，"哗，倒了一大片"。一个人的力量能够有多大呢？女儿每次都兴奋地过去数一数，发现自己碰到的瓶子比较多，就高兴地拍手跳高。有时候，冰会告诉女儿，如果自己碰到的瓶子只有女儿碰到数量的一半，那么女儿有权利多获得一次机会，女儿就认真地数，使劲地算。冰喜欢变着法子调整比赛规则，帮助女儿通过小小的保龄球学会加减乘除。冰的女儿在各种规则的引导下，对数学计算越来越感兴趣了。

玲喜欢和女儿玩跳绳的游戏。玲跳的时候，让女儿给数，女儿跳的时候自己数，玲的女儿在这样有趣的游戏环境中能够顺利地数到100，可是她丝毫也不知道自己到底是怎样喜欢上数字的。上学后，玲的女儿对数学特别喜欢，喜欢与数字有关的一切东西，连那些长方形、正方形等也喜欢。因为喜欢，所以玲的女儿数学学得特棒。

上面两个小故事，让我们看到了游戏在孩子学数学过程中的魅力。若您的孩子流露出对数学的不喜欢，或者学数学缺乏领悟力，可以采用游戏的方式，启迪孩子的数学心智。

买一个漂亮的算盘，利用圆溜溜的算盘珠子教孩子学数学，是一种不错的方法。算盘可以学习的数学知识，从数数到加减乘除，丰富多彩。运算时间长了，不仅可以学会算术，还可以锻炼孩子手指的灵活度，进而提高孩子的智力。

跳格游戏，可以局限在棋盘上用色子玩，也可以在地上划出九宫格，利用一定的游戏规则来规定跳格的数量，进而让孩子在玩的过程中，熟悉数学知识。"益智+运动"也是种不错的提高数学积淀的方式。

保龄球、篮球、台球，利用一些球类运动的基本规则，也可以有效地激发孩子学习数学的兴趣。譬如比较数字大小，通过投球的多少决定胜负，利用加减法算出胜负多少等。利用球类运动学数学，既可以锻炼宝贝的身体，还可以锻炼宝贝的大脑，可谓一举两得的好事哦。

利用组装游戏，可以学几何图形，孩子的抽象理解能力比较差，而上学后要接触的数字也好、几何图形也好，都是抽象的平面的东西。对于孩子来说，立体、形象的东西更有益于他们学好数学知识。很多家长不注意提前铺垫和利用实物教孩子把抽象的概念转化为立体的形象，就容易使得孩子在最初接触数学知识时茫然不知所措。所以利用好组装游戏，可以把数字、几何一举弄懂。

* * * * *

4.5 厨房里的数学题

厨房是妈妈们的领地，这里也是学习数学的好地方，因为妈妈经常呆的地方，也是最能吸引孩子的地方。况且这里不光能看到妈妈忙碌的身影，还会看到各种美食，更重要的是妈妈可以利用这个地方让孩子多做点数学题，多领悟点数学知识。

"小飞，快过来帮妈妈数一数，是不是少了一条鱼，记得我在市场上买的是十条鱼，现在怎么看着少了呢？"小飞乐颠颠地从玩具堆里跑出来，数鱼可比玩玩具有意思多了，小飞把手伸进塑料袋里，把滑溜溜的鱼一条一条抓出来，放到水盆里数一数，真少一条，难道那一条鱼丢了？细心的小飞又仔细翻了一遍装鱼的塑料袋，结果在套在外面的这一层塑料袋里发现了那条小小的鱼。原来这条鱼是后放进去的。看着小飞把鱼数得清清楚楚，妈妈高兴地说："小飞，你终于会数数了。现在我们算一下加减法吧，现在我从水盆里拿走四条鱼，水盆里还剩下几条鱼？"小飞伸着手指头数了一遍，"六条。"

大家看，上面的小故事貌似不经意，可是小飞在这个过程中学会了数数和算加减法。有趣吧？

萍做菜前准备好很多佐料，她喜欢把女儿叫到跟前一起完成准备工作。"宝贝，给妈妈拿三根小葱过来。"女儿高兴地数出三根小葱递给妈妈，"给妈妈数出十粒花椒来！"女儿跑到橱柜里摸出盛花椒的小盒，数出了十粒花椒，给妈妈放在菜板上。"给妈妈磕两个蛋放到碗里，再加两小勺盐。"女儿照指令完成。"往电饭锅里倒上水，到50毫升那个格就停。"女儿按要求完成。

萍利用这种方式，既让女儿学会了做家务，还让女儿学到不少数学知识。妈妈们，你尝试过吗？

从上面两个小故事看，厨房真的是潜移默化对孩子进行数学启蒙的好地方。有了这个小窍门，妈妈们在自己忙碌之余，可以不必担心照顾不到宝贝了，你可以一边劳动一边引导孩子，何乐而不为？

厨房里既有乐趣，也潜藏一定的危险性，譬如各种刀具、剪子，还有煤气灶，另外还有热水等。厨房知识渗透，一定要在妈妈监督之下，一定要把各种对孩子能形成伤害的器具放好，把对孩子的无意伤害降低到零。另外像辣椒面、芥末油等的厉害也要对孩子讲清楚，防止孩子揉到眼睛里。

厨房里实物多多，对孩子进行数学引导时一定不要纸上谈兵，仅仅限于口头说说就算了，应该多让孩子动手，从视觉、听觉、嗅觉、触觉、味觉等多个感官出发，让孩子从颜色、形状等角度学立体的数学知识。这样孩子才会记忆深刻，等将来到课堂上，他才会引发多种感官的呼应，把数学知识学扎实、学透彻。

如果仅仅把厨房数学渗透停留在数数和加减法上，时间长了，孩子的兴趣也会降低。这时应该适当增加知识难度，设置一些让孩子需要动脑筋才能完成的数学障碍，譬如把丝瓜切成十段，然后所有段的中间再用水果刀切开，问现在案板上有多少丝瓜块？针对这个问题，孩子就要好好动脑筋思考一番。这是应用数学，适当的难度可以激发孩子的求知欲望。

厨房里不光可以做加减法，还可以了解各种图形啊，譬如椭圆的鸡蛋，圆圆的碗口，一根一根的筷子，切成方块的地瓜，半圆形的馒头，方方的菜板，切成三角形的冬瓜块啊等。我们可以把这些图形组合一下，摆一摆，对一对，让孩子看到图形变化的神奇效果，让孩子多了解点立体几何的知识。

其实厨房里有很多规矩的，譬如切生熟肉的案板要分开，刀该怎么放，怎么正确关闭煤气灶，怎么摆放碗筷，厨具用完要清洗干净，及时归位等。在学数学的过程中，也要把这些基本的厨房规矩告诉给孩子，让孩子从小养成讲卫生、守规矩的好习惯。让孩子既能把事情做好，还能给他人留下好的印象。

* * * * *

4.6 超市里学数学

　　超市，是孩子超爱去的地方。因为这里有熙熙攘攘的人流，还有各种好吃的、好玩的。这里五彩缤纷、琳琅满目。若在那些货品架之间转一转，总会发现有趣的新东西。妈妈们想过把数学启蒙课堂搬到超市里吗？

　　走进超市里，一排的矿泉水在搞活动，妈妈问明子，"这一排矿泉水能有多少瓶？"明子有模有样地数过去，跑回来告诉妈妈，"有15瓶。"妈妈惊讶地说："啊，那这上下摆了五层，我们看到的是多少瓶矿泉水啊？"明子想了想，乘法我已经学会了，用15×5不就得到75的数字了嘛，明子高兴地回答："75瓶。"妈妈高兴地竖起了大拇指。他们推着购物车继续往前走，妈妈提示明子看看提前列好的购物单，明子按照购物单挑选两只火腿、1袋10个小包装的酸奶、3只牙刷、6个打折的肉松面包、1瓶果酱、两盒纸抽、4条毛巾。东西都拿齐了后，妈妈不放心，让明子再数一遍，明子嘴里念念有词又数了一遍。数完了，明子瞅着一只机器狗玩具，怎么也赖在原地不走了。妈妈知道明子想买机器狗，她对明子说："我们今天预算的钱还没有花完，去看看你的机器狗标价多少。如果超出了我们预算钱数20元，那机器狗你必须放弃。"明子听话地过去仔细看标价，"妈妈，机器狗标价45元。"妈妈问明子，今天我们带了110元，你根据标价把现在购物车里所有的东西价钱加起来看有多少。如果符合我刚才的要求，就把机器狗带上我们去结算。为了得到玩具，明子绞尽脑汁，加法、乘法好一通算，终于算出了82元。明子用110元—82元，哇，好险啊，28元，45元—28元等于17元。"哦，妈妈我成功了。"明子高兴地跳起来，把机器狗放进了购物车里，高高兴兴地跟着妈妈去结算了。

你看，明子的妈妈真聪明。她抓住了明子爱新奇、想买机器狗的心理，让明子使劲过了一把数学瘾。妈妈们如果能够借鉴明子妈妈的经验，相信您的孩子也可以在超市里变成了一个数学小天才哦。

超市里最容易接触的就是商品的标价，有些是以元标示，有的到角，妈妈要一一引导孩子读出来，读准确并且弄懂元、角之间的换算关系。估计多读几种商品的价钱，从千元、百元、十元、元、角，读多了孩子的脑海中就会留下深刻印象，有些知识就会无师自通。

带着孩子去买东西提前列好清单，让孩子照着清单一一地去找齐商品，买好之后做清点。这个一一找齐商品的过程，就是孩子熟悉数字的过程。通过实物来认识数字，会在孩子的脑海中形成更深刻的印象。

孩子上学后会学习各种应用题，有些应用题涉及到各种各样的商品，如果孩子没有见过实物的形状，那么可能在计算这些应用题的过程中形不成立体思维，运算过程就比较慢。所以去超市认识各种商品的过程，也是为了让孩子认识各种实物，为以后做应用题运算打基础。

数学知识中还包含比较大小和排列知识，在超市里转悠，妈妈要引导孩子比较大小，这个比那个大，这个比那个小，从商品的个体大小到价钱高低，都要一一指点给孩子。另外还要让孩子比大小之余，弄清楚差距，其实这就是做减法的过程。

"哎呀，宝贝，妈妈钱不够了。咱们看看，在100元以内能买哪些东西。"宝贝听了就会替妈妈想办法，在价钱上帮妈妈算，算来算去，孩子就掌握了一定的计算能力。"哎呀，宝贝，这个味道不好，刚才那位阿姨说了。我们把这个换成五元一个的蛋糕吧，帮妈妈找找这个蛋糕在哪里？"孩子就会乐颠颠地去找五元一个的蛋糕。若妈妈在超市里示弱一点点，给宝贝设置情景出个小难题，相信宝贝一定会乐于帮妈妈解决的，这样孩子的数学应用能力就很快提高了。

* * * * *

4.7　记住儿歌、顺口溜

乘法口诀儿歌：

> 一只青蛙一张嘴，两只眼睛四条腿。
>
> 两只青蛙两张嘴，四只眼睛八条腿。
>
> 三只青蛙三张嘴，六只眼睛十二条腿。
>
> 四只青蛙四张嘴，扑通扑通跳下水。

妈妈们试着读一下上面的儿歌，应该感觉非常有趣，而且还琅琅上口吧！要是孩子也这样痛快地朗读几遍，就可以很快记住数字和加法运算了。若是妈妈经常用这样有趣的儿歌训练孩子，孩子应该可以掌握很多数学知识。譬如：

时针分针认识儿歌：

> 跑的最快是秒针，个儿高高，身材好；
>
> 跑的最慢是时针，个儿短短，身材胖。
>
> 不高不矮是分针，匀速跑步作用大。

长度单位认识儿歌：

1厘米，很淘气，仔细找，才见你。

指甲盖1厘米，伸出手指比一比。

长短和我差不多，大约就是1厘米。

100个我是1米，我是米的小兄弟，

物体长了别用我，要不一定累死你。

这些儿歌通俗易懂，孩子跟着妈妈读，妈妈再略略一讲解，孩子就容易掌握其中的奥秘了。

陆鸿手巧、嘴巧，是单位里出了名的。为了让看起来憨憨的儿子把数学知识早点掌握好，陆鸿在做了各种尝试后选择了儿歌，因为她发现儿子喜欢认字，喜欢嘴里自言自语，她想那就让儿子记儿歌吧。于是看到花儿她编与花儿有关的儿歌，那一本本的学龄前数学知识都被她用简短的儿歌表现了出来。陆鸿编得有劲，儿子读得也有劲，而且通常三四天下来后，儿子很快就记住了那些儿歌的内容。陆鸿乘机出题，借着数学题目解释儿歌的内容，她发现儿子很快就掌握了儿歌中蕴含的数学知识。陆鸿编织的儿歌有：

有关凑"十"法的：

看到9想到1，看到8想到2

看到7想到3，看到6想到4

看到大数加小数，先把两数换位置。

10的分成：

9和1，真淘气

7、3、8、2也调皮

吹6升4（6像哨子，4像小旗）

小手小手真伶俐（让孩子摇动双手，像把10分成5和5）

有关植树问题的：

小朋友，张开手，五只手指人人有，

手指之间几个空，请你仔细瞅一瞅。

四则运算顺序：

括号括号抢第一，乘法、除法排第二，

最后才算加减法，谁在前面先算谁。

我在网络上看到这样一段资料："数学文字太枯燥，精心钻研真深奥。世上领域离不了，刻苦学习来做好。"面对枯燥的数字，不少学生发怵，可就读于山东省青岛师范附小一年级的牛颖靓却有办法。前面一段文字就是她在爷爷指导下写的儿歌。谈起用儿歌培养孙女对数学的兴趣，牛先生说这是"因势利导"。小颖靓上小学一年级后不久，牛先生发现孙女语文和英语都不错，就是对数学很厌烦。"我为什么不用儿歌激发她对数学的兴趣呢？"牛先生说，当时作了一首小诗送给小颖靓：飞船上天，海底潜艇。世上领域，不离数字。要想学好，必下苦心。迎难而上，决不后退。随后小颖靓也跟着写了一首，并把两首小诗都贴在了课本首页。"每天只要一打开数学书，就能看到爷爷写的诗，我就能静下心来听老师讲课了。"小颖靓现在的数学成绩从来没有低于90分，有一次还考了满分呢。

从上面的故事可以看出，儿歌对孩子的教育引导意义确实非常显著。根据孩子的年龄段，编织的儿歌要适当简短些，以4~8句为最合适。

编织的儿歌要吃透数学运用规则，不能胡编乱编，要有科学性。另外儿歌的句子尽量要通俗，多用常见字。这样，即使妈妈没有一个字一个字地教孩子认，孩子也能够基本流畅地读下来。这样的儿歌，孩子才能轻松记住，若整得深不可测、生字连篇，那就容易影响孩子自学的兴趣。

即使儿歌貌似读起来很简单，妈妈也要适当讲解其中蕴含的意思，最好在教会孩子儿歌后，再结合具体的题目运算一下。练一练，能够化抽象为具体、化枯燥的理论为实用的方法，让孩子会读会用。

妈妈们的儿歌要尽量根据孩子的情况编，譬如有的孩子喜欢体育，那就多以运动场景为内容编织儿歌；有的孩子喜欢动植物，那妈妈就以动植物为对象编织儿歌；有的孩子喜欢游戏，那么妈妈编织的儿歌就要既容易读，还要能够配上游戏动作等。根据孩子情况编织的儿歌，容易对孩子的胃口，这样可以事半功倍地帮助孩子学好数学知识。

如果妈妈真的没有时间或者思路枯竭，也不要紧。妈妈可以借助一些学习数学知识的儿童刊物或者网络资源，教孩子学儿歌。网络上的儿歌良莠不齐，妈妈们在选用的时候一定要仔细甄别，看是否符合数学规则，不要弄一些错误的儿歌把错误的数学知识灌输给孩子。

孩子学儿歌的常见规律是学得快忘得快，所以隔一段时间妈妈们要帮助孩子把这些数学儿歌复习一下。利用科学的记忆规律，可以帮助孩子把这些数学运用规则牢固地记在脑子里。这样上学后若学到这部分知识，孩子就可以很快联想起儿歌，进而迅速地掌握该部分知识。

* * * * *

4.8 记账习惯：数学和理财两不误

现在的孩子都有或多或少的零花钱，中国妈妈似乎在对待钱的问题上比较固执，通常在孩子小的时候会管得比较严，对于孩子如何利用零花钱，大人来做计划。其实让小孩子自己处理零花钱，大人相应地提出一定的建议，让孩子形成正确的理财观念，也是比较好的一种方式。而且孩子在自己理财的过程中，可以切实地接触到具体的钱币数字。而实际情况是，很多孩子上学后，在学习钱币和时间的计算上存在很大问题，单是靠老师干巴巴地讲解和课本上的题例根本搞不明白。所以提前让孩子学会自己处理零花钱，有利于孩子了解钱币的换算和运算知识，这对于孩子以后的数学学习是有极大帮助的。

处理好零花钱最好的方式是记账，即根据消费情况，把每次消费的项目和钱数记录下来，这样一周甚至一个月就可以形成一个小账本。此时妈妈用给出的生活费总数与孩子"小账本"对对账，就可以比照出到底是"入不敷出""收支相抵"还是"入大于出"。后两种情况当然是好的，第一种情况就需要妈妈及时给予孩子指导。而这个记账的过程，其实就是理财和学习数学的过程。

"小账本"的基本格式

消费项目	消费钱数（元）
一个笔袋	10.00
一瓶矿泉水	2.50
一袋卡纸	2.00

"洛克菲勒的小账本"曾是西方家庭教育的经典案例。此处的洛克菲勒，指的是洛氏家族的第三代成员小约翰，这位美国三十年代的大富翁，在教育子女方面同样取得了巨大的成功。

小约翰在儿女七八岁时就对他们进行理财教育。每人发放一周津贴，开始是三角，后来逐渐增加到一元、二元，孩子拥有完全支配权。父亲同时有一个愿望，即这三角钱他（或她）最理想的消费模式是既花用又储蓄和施舍，也就是暗示他们每周最好花费一角、储蓄一角、捐献（给教堂或慈善机构）一角。在给孩子发放津贴的同时，还给他们一个小账本，他们必须在上面详细记录自己是如何处理每周津贴的：每分钱都必须说明用途并写明日期，每项开支都必须作出说明。每周六早餐之后，孩子们拿着自己的小账本，排队走进父亲的办公室，接着父亲就严格核对账目和发放下周津贴。如果账目做得好，津贴可以增加，否则就会下降。洛家的津贴、账本制度，持续施行到孩子参加工作、挣得收入为止。虽然津贴从一开始就比他们实际需要的要少，但孩子们可以通过帮助做家务挣得收入，例如逮到一百只苍蝇可得一角钱，捉一只耗子可得五分钱，擦皮鞋每双五分。曾经竞选过美国总统的纳尔逊，在9岁时就特别乐意和弟弟劳伦斯抢着擦皮鞋。

"洛克菲勒小账本"的故事，既让我们看到了记账理财对孩子成长的益处，也让我们从中看到了在繁琐的数学运算过程中，孩子们不光要记下消费账目，还需要计划收入、支出合理的问题，还需要挣得收入。这个不停进、出的过程，其实就是孩子掌握数学知识的过程，真的很富有现实意义。这种记小账本的方式，值得妈妈们尝试。

要想记账，先要给家里的小朋友准备一个漂亮精致的笔记本，因为孩子更容易被实物吸引，由喜欢笔记本开始进而喜欢"记账"这种有趣的方式。因为"记账"需要孩子坚持，偶尔的一两次放松就会打乱整个计划，所以在漂亮本子的吸引下养成一种好习惯，这个小小的"代价"值得哦。

"记账"是要动脑、动笔的。有些孩子比较懒惰，不太喜欢动手操作，也懒得动脑，这时候需要妈妈给予记账方法的指导。当孩子学会了记账了，妈妈就可以放手让孩子独立完成了，最初的时候可能需要妈妈和孩子一起完成任务。

妈妈不能认为给了孩子一个小账本，孩子就会严格遵守你的规则。孩子很淘气的，他有时候因为贪玩会忘记记账，所以妈妈还是要定期查账、对账，这样做的目的是及时发现问题，及时给予孩子引导，便于孩子顺利运用小账本。

只是记死账有点纸上谈兵的感觉，实在无趣。若是能鼓励孩子增加收入，给孩子规定些增加收入的条条框框，让孩子在消费之余还能增加新的收入，实在是不错的方式。这些条框包括譬如擦地板一次2元，自己叠被一次0.5元，洗碗筷一次1.5元等，可以很好地鼓励孩子养成好习惯。

记账的最终目的是为了学到数学知识，让孩子会做应用题之类。所以在孩子掌握了记账的知识后，妈妈还要设置一定的情景数学题，检验孩子的数学能力提高了没有。若是提高了，应该给予孩子表扬哦！

＊＊＊＊＊

第五章

智慧妈妈的"英语"百宝箱

英语，因为远离我们的生活环境，很多孩子上学以后学起来都特别费劲。所以，我们只能采取提前入手，预先铺垫，早点给孩子做英语启示的方法，让孩子喜欢上英语，粗通英语单词和简单的英语语法，进而让孩子上学后能够轻松入门，迅速掌握英语知识。

5.1 和英文字母捉迷藏

"找呀找呀找朋友，找到一个好朋友，敬个礼、握握手，我们都是好朋友"。此时，外面雪花飞舞，室内却正是火热的游戏场面，一些孩子在玩具堆里翻找着。虽然那些和孩子的身高一般高的玩具在孩子的手里略显笨重，可是孩子依旧乐此不疲地翻找着。突然一个小姑娘在一个泳圈的背面发现了字母标识，她高兴地跳起来，"我找到了'H'"，说完她把字母揭下来，站在了舞台中央，这时其他孩子着急了。很快大家各自找到了相应的字母，拿着标识站到了舞台中央相应的位置，此时背景音乐响起，小朋友们举起标识，一起大声喊"Happy new year!"

这是幼儿园里一段英文字母捉迷藏的有趣游戏。孩子们通过这种游戏方式认识了字母，也记住了"新年快乐"的英文句子。捉迷藏是很多小朋友喜欢玩的游戏，一方藏起来，另一方寻找。这个玩乐过程有趣、神秘而又刺激。因为对方究竟藏在哪里，永远是未知的，而孩子对探索未知的世界总是很感兴趣。

轩子的妈妈自己设置了一个题目，她找来了漂亮的森林动物聚会的图片，在上面用红笔标示出了8个她想教给孩子的大写字母，然后让轩子在图片上找。轩子刚刚学会这8个小写字母，大写字母学得还不太熟，所以有些为难，可是当看到妈妈的"捉迷藏"游戏后，看着漂亮的动物图片，两只小眼睛瞪得圆溜溜的，她太喜欢这些动物了，于是轩子一边看着动物一边仔细找，很快就把8组大小写字母对上了号。轩子开心极了，妈妈也非常开心。以后轩子的妈妈经常用这种"捉迷藏"的方式教轩子学英语单词。现在轩子在学校里英语学得特别棒。

上面的故事让我们看到了"捉迷藏"游戏对儿童学英语的奇特功效，不过它可以有多种玩法哦！譬如下面这个故事。

晨晨的妈妈教晨晨学英语时，晨晨总是很贪玩，妈妈就把那些她想教给晨晨的单词、句子，混淆在一大堆句子中，然后让晨晨找。晨晨找对了，能够读懂那个英文句子，她就陪晨晨玩。最初晨晨找这些英文句子的时候也很费劲，慢慢地晨晨学会了用英汉词典，他还记住了某些常见单词的样子，什么"am、is、are"，什么"this、that"之类。妈妈发现晨晨居然会查字典了，又把教给晨晨的句子分解开，一个字母一个字母地列出来，让晨晨把这些字母组合起来，并把相应的汉语意思翻译出来。若能翻译出来，那么这个上午或者下午就可以放心地玩玩具，晨晨感觉这个更好玩了，于是他尝试在其中挑选字母进行相应的组合。这个玩法确实比前面的难度增加了。为了能够迅速破译妈妈的英文密码，晨晨没事常翻英汉词典和书，力争对那些英文字母形成一个完整的印象。现在晨晨已经可以快速地把妈妈要表达的那句英文句子组合出来，妈妈已经难不住他了。

从上面的故事看，根据孩子的喜好和兴趣找准一种正确的学习方法，不仅可以提高孩子学英语知识的积极性，还可以让孩子无形中增长更多的知识和能力。

小孩子的兴趣保持的时间通常不会太长，所以各种英语"捉迷藏"游戏要在细微处变换方式，譬如找单词、挑句子、找"行动指令"、对对碰等，始终保持能够吸引孩子的注意力，让孩子乐在其中，玩在其中。孩子有了兴趣，学习英语的效果会非常好的。

在设置各种英语"捉迷藏"题型的时候，不要一开始就出太难的题，一下子把孩子吓住。要采用循序渐进的方式，从字母、单词、日常用语到句子、小短文，让孩子的知识积累过程由简单到复杂，要让孩子在学习知识的过程中始终保持轻松、愉悦的胜利者姿态。唯有这样，孩子才会信心百倍地学好英语。

游戏的过程，要跟上适当的奖励措施，小礼物、半天的看电视时间、逛超市、到书店买书、回乡下看爷爷奶奶、去动物园、爬山、骑自行车等，都可以成为奖品。激励孩子有张有弛，让孩子保持浓厚的兴趣进行学习。同时奖励也是一个增长孩子自信心的方式，孩子觉得"我能行"，他就会做到最好。

英语不是我们的母语，我们不是每天都用，所以要不时常循环往复地倒腾，一旦当时学会了，过后很长时间不倒腾，那些单词啦、句子啦就会忘记。小孩子记东西通常的特点是记得快忘得也快，所以要想孩子学英语的效果好，一定要常常巩固学习成果。譬如单词，第一天学会了，第二天复习一下，一个周之内复习一下，一个月之内复习一下，这样利用科学的复习方法，就可以让孩子把学会的英语知识巩固得非常到位。

现在的小孩子都是在一帮大人的呵护下"孤独"地长大的，缺少同龄人的陪伴。其实大人再活泼、再了解孩子的内心世界，也不如一个同龄的孩子带来的快乐更多一些，所以在玩"捉迷藏"学英语时，可以适当多召集几个小朋友。大家一块玩，可以互帮互助，也可以形成竞争心理，有利于孩子更快乐地学会英语知识。

5.2 英文卡片的游戏

Aa，Bb，Cc，Dd……一张张卡片，从讲台上老师的手中划过，孩子们认真地看着，仔细地读着。有些妈妈说，在卡片上读和在课本上学的内容有什么不同？当然有不同。书上的知识都是比较系统的，一大片英文字母乌压压的，虽然孩子潜意识里知道读书是为了学知识的，他会顺从妈妈的意思读书，可是这种学习方式多少有点被动。但读卡片就不同了，卡片把英文字母或单词、句子分解开来，每张卡片上的知识清清楚楚，孩子看几眼，多读几遍，他就学会了。读卡片学英语的过程是玩的过程，这点与看书是绝对不同的。

英文卡片可以从市场上购买，有认字母、单词和简单日常用语的卡片，当然心灵手巧的妈妈们也可以根据需要自己制作卡片。

睿的妈妈是个喜欢动手操作的人，为了让睿学好英语，睿的妈妈喜欢上了扑克牌。她先抽出10张同颜色的牌，让睿学会了10个英文字母，接着抽出不同颜色的牌，让睿学会了红色、黑色、蓝色、绿色、白色、黄色等标识颜色的单词。接着她在每张扑克的空白处把需要学习的单词依次写在上面，然后她洗牌后把牌捻开，让睿从中抽，抽出英文单词时要把单词朗读出来，这种游戏方式非常有趣。每副扑克牌睿能学会54个单词，看着扑克牌在妈妈手里玩来玩去，蛮有趣的。睿有的时候也用扑克牌给妈妈出难题，譬如写个特别难的单词在里面，让妈妈读，妈妈有时候也会被难住。妈妈有时候会把想表达的话翻译成英语，然后把每个单词写在扑克牌上，妈妈让睿把打乱次序的扑克牌进行排序。如果睿排序正确了，妈妈要说的话睿就弄懂了。

上面故事中睿的妈妈利用扑克牌做英文卡片教睿趣味学英语。睿非常喜欢卡片游戏，学习效果也非常好，有兴趣的妈妈可以借鉴一下。

与睿的妈妈不同，可欣的妈妈从市场上买了英文卡片，这些卡片包括音标卡片、字母卡片、单词卡片、短语卡片、口语卡片。可欣妈妈从字母开始采用循序渐进的方式，每天利用早晨、晚上、上午和下午四个时间段，每次拿出半个多小时的时间，对可欣进行英语渗透训练。第一次需要妈妈教，可欣才会读，第二遍妈妈接着教，第三遍，第四遍……时间长了，只要妈妈抽出一张卡片，可欣马上可以口齿伶俐地读出来。于是通过读字母、音标、单词、短语、口语，可欣的英语水平越来越高。

可欣妈妈的做法覆盖面很广。可欣通过卡片游戏，掌握了这么多英语知识。所以小小卡片看似不大，其实游戏玩法特别多，对孩子的英语启迪也是多方面的，妈妈们应该好好利用哦！

卡片的制作，若是有孩子的参与更好。母子两个人自己动手制作卡片，自己手绘字母，若是孩子喜欢，也可以在卡片上加点小小装饰。母子用自己制作的卡片做英文训练游戏，孩子参与游戏的积极性会更高。

母子之间、全家人一起，都可以做英文卡片游戏，人多会营造更浓厚的游戏气氛。你拿出一张卡片，我拿出一张卡片，大家都来考考小宝贝，小宝贝在家人间窜过来窜过去，答对了这个，答对了那个，家人为宝贝鼓掌加油，孩子在游戏中学英语的兴趣就更浓厚了。

每次游戏的时间以半个小时为限，不要太长了。安排时间太长孩子会烦、会累；安排时间太短了，则没有什么训练效果。每天可以尝试安排二三次，最佳时间为早晨起床后、晚上睡觉前，其余上午或下午安排一次。这样可以做到劳逸结合，既不妨碍孩子玩耍，也不影响学习。

对于英文孩子学得快忘得快，用卡片游戏学习英文，也需要循环往复的巩固时间。在孩子学会了一部分英文单词后，隔着两三天、一个周、一个月左右要及时地复习一下，这样每次巩固一下。时间长了，孩子就会扎实地记住很多英文知识。

孩子刚开始学英语，不要在卡片上学太难的东西，要从最基本的字母学习开始，逐渐到单词、音标……循序渐进的学法，既会保持孩子学英语的积极性，也可以让孩子稳扎稳打，由基础而到能力，把英文知识学扎实。

* * * * *

5.3 大声说英语

大家听过李阳的"疯狂英语"吗？演讲者一遍遍地引导，学生们一遍遍地重复。"大声些，声音再大些，把你的情绪发泄出来，不管是高兴，还是郁闷……"在现场很"嗨"的气氛下，孩子们大胆地、忘情地一遍遍跟读着，越来越顺溜，越来越放松，越来越有自信，记忆的速度也越来越快。大声说英语，成为孩子们学英语的一种有效技巧。

英语不同于我们的母语，孩子在学习的时候既要注意发音的准确，还要注意发音的到位。有的孩子不爱张嘴，喜欢用眼睛瞅着、用脑子记忆，其实这远远不够。一种高效的学习法，应该是把手、口、眼、耳、脑能够同时调动起来，眼睛看着、耳朵听着、嘴巴诵读着、手里写着、脑子记着。这样学一类知识，多种器官合作，能够让知识记忆得特别快，特别牢固。所以，不爱用嘴巴说英语是一种不好的学习习惯。学习英语，一定要大声说出来。

苏瑾的儿子刚学英语的时候，嘴巴特别懒。苏瑾读一个单词，儿子就眨巴眨巴眼睛，这样过了二十多分钟，苏瑾以为儿子在跟自己学单词呢，结果一歪头发现儿子已经闭着眼睛睡着了。看来，刚才妈妈的朗读成了儿子的催眠曲，老是用眼睛、脑子记，没有大的活动，孩子很容易困乏。此路不通，苏瑾就逼儿子跟着自己朗读，苏瑾读，儿子就读。这一听不要紧，苏瑾发现儿子在发音上确实有问题。她就看着儿子的口型一遍一遍地纠正，譬如"mother（母亲）"，儿子读成了"麦子"，"horse（马）"读成了"耗子"。这些通俗的、带有方言的发音，让苏瑾哭笑不得，于是她从字母、音标入手，把一个字母一个字母的发音教给儿子。儿子的小嘴一会儿扁，一会儿圆，慢慢就学会了基本的字母读音，接着是单词，最后是句子。现在苏瑾的儿子已经养成了大声说英语的习惯，每天早晨，苏瑾家的客厅里就会响起儿子大声朗读英语的声音。现在苏瑾儿子的英语发音特别到位，还参加过英语演讲比赛，获得了一等奖呢！

苏瑾教儿子的故事启迪我们，大声说英语，可以让孩子学到更准确的英语知识。学英语并不仅仅是动动嘴巴那么简单的事，所以妈妈们应该在孩子学英语的初期，多让孩子读，感情投入地大声朗读，读出气魄，读出感情。

山山是朋友的儿子，朋友居住在乡下一个僻静的小村庄里。早晨朋友会带着山山到村外的小河边，沐浴清新的空气，听潺潺的流水声。在弥漫着淡淡的水雾的河边，山山一边踩着滑溜溜的鹅卵石，一边大声说起英语来。"Who are you？"山山和妈妈开起了玩笑，妈妈马上接招，"My name is..."气氛活泼而轻松，山山不再开玩笑，捧着书继续大声读。山山铜铃般的朗读声，惊醒了栖息的鸟儿，惊醒了贪睡的小鱼儿，引来了好奇的麻雀，也叽叽喳喳地叫。优美的环境，可以全身心投入的朗读，让山山感觉学英语真是一件快乐的事，现在山山的单词记得多，口语也很棒哦！

大声读英语，如果是在家里，左邻右舍容易有意见，也会有一些不合适的评价，这些会影响孩子的表达欲望。若是能够在早晨、周末找一个幽静的环境，譬如公园里的小树林、野外的溪水边、竹林里，伴着溪水哗啦哗啦的唱歌声、树叶飒飒的悦耳响动，没有其他的干扰因素，孩子可以放开胆子、尽情地大声说英语，确实是一件怡养身心的好事。这对提高孩子的英语表达能力，会有极大的好处。

可以采用母子对话形式，也可以采用妈妈读一句、孩子读一句的形式，还可以采用妈妈跟读的形式。总之妈妈陪着孩子大声朗读，可以增强孩子的好胜心理和记忆兴趣。他会更加认真努力地去读，以期能够读得比妈妈更好，能够展示更精彩的自己。而且妈妈可以适当地纠正或点拨，这样孩子学到的英语知识会更多。

只是呆板地站在那里说英语，实在无趣。若是能够配合上合适的肢体动作，像戏剧表演一样，随着孩子的心性，让孩子自由发挥，那孩子的学习效果会更好。同时适当的肢体动作，会加深孩子对词句内涵的理解，让孩子更轻松地记住英语词句。

小孩子和小孩子之间进行交流，趣味性也会增强，而且孩子之间的配合与默契、合作与竞争，会让孩子的英语能力得到迅速提高。在与其他孩子的活动、比照中，妈妈们更容易发现自己的孩子在说英语时在哪些方面有缺憾，可以及时查漏补缺，可以及时纠正，让自己的孩子的英语水平有更大提高。

孩子们大都喜欢小动物，在孩子们看来，那些小动物更亲切可爱。孩子们喜欢和小动物交流，在小动物们面前孩子会更自信，那么就鼓励孩子对小动物用英语大声说出自己的心里话吧。其实小动物并听不懂英语，可是孩子的语气和动作、眼神会引起它们的回应。面对小动物们的回应，孩子的表现力会更强，此时孩子学到的英语知识会更牢固。

* * * * *

5.4 动漫里学单词

　　动漫能够给予孩子英语启蒙和教育，大家印象中最深刻的应该是《天线宝宝》系列。这部电视科教剧，采用奇特的场景和人物造型，深深吸引了孩子们。剧中天线宝宝利用对话或自言自语，反复地重复单词，让爱学英语的孩子们受益匪浅，而那句"啊哦"，也成为了很多孩子喜欢模仿的口头禅。

　　记得在孩子小的时候，我还让孩子看过双语的动漫片。片子是关于打海盗的，那时孩子非常喜欢看，偶尔我会指着片中的某个事物或动作教孩子说单词，孩子非常感兴趣地跟着重复。

　　或许有的妈妈说，孩子太小了，看双语的动漫片是一种浪费，孩子根本不可能学到什么。其实，就像我们中国的孩子耳濡目染就会说汉语一样，经常看动漫片，经常受英语的熏陶，时长日久孩子会形成一种语感。至少他不会反感和排斥英语，他会在潜移默化中接受一些简单的英语单词，熟悉一些基本的发音技巧。那么等到上学后学英语的时候，他会比其他孩子在英语接受能力上更强，因为妈妈的提前教育已经在他脑海中种下种子，开出了美丽的小花朵。

　　以我为例吧，相信很多妈妈和我一样喜欢看韩剧。我接触的韩剧都是双语的，即人物说韩语，下面出字幕。记得那时候看《大长今》，一边耳朵听着韩语，一边眼睛紧紧盯着字幕，这样在声音与字幕的对照下，不光看懂了故事，而且在叽里呱啦的韩语中，居然发现有些出现频率特别高的词语自己居然能够听懂。譬如"欧巴"，用在情侣中女孩称呼男孩；"阿拉嗖"，大意是我明白了；"撒朗嘿"，是我爱你的意思；"比亚内"，是对不起的意思；"阿祖玛"，是大婶的意思等。等到后来，有时候可以不看字幕，只听人物的韩语对话即可大约听懂意思。现在，单独看韩剧也没有一头雾水的感觉，而是根据韩语对话，完全可以听懂故事大意了。

上面的故事告诉我们一点，无论利用影视剧还是动漫片学英语，其实就是一个熟能生巧的过程，时间长了，孩子不光听得懂英语发音，而且逐渐还能发展为能够说英语。我的儿子到了初二，英语一直比班级里的优秀生差一个分数段，我很着急，就请教学校里教英语的朋友。朋友提议说利用寒假时间多看双语影片，孩子的英语水平一定会有很大提高，并且朋友告诉我，她上高中的儿子一直对双语影片感兴趣，现在已经不屑于看双语影片了，人家现在只喜欢看英语故事片。为什么？因为英语已经学得很棒了，不需要中文字幕了。

关于利用动漫学英语，有人给推荐了这样一些适合儿童看的片子：《怪物史莱克》（1，2）《海底总动员》《马达加斯加》（1，2）《冰河世纪》（1，2，3）《美女与野兽》《功夫熊猫》《超人特工队》《玩具总动员》（1，2）《闪电狗》《阿拉丁》《花木兰》等。总之，迪斯尼梦工厂的动画片都是很适合学英语的，因为都比较通俗易懂，而且说的话基本上都是美国人日常生活中天天用到的。而我们孩子学英语的目的，也主要能够解决基本的对话，另外小学英语不以"写"为主，要求儿童"读、听、说、背"，所以看动漫学英语的方式就更合适了。

不知什么时候起，晓云的儿子开始喜欢看《怪物史莱克》，史莱克奇怪的造型，让晓云的儿子笑得咯咯响。不过家里的《怪物史莱克》是双语片子，片中的人物都在叽里呱啦地说英语，刚开始晓云担心儿子只是看热闹，可是后来发现儿子一边看一边嘴在动，口型居然是在跟读片中人物的语言，这让晓云感觉非常惊奇。随着儿子看《怪物史莱克》的遍数越来越多，晓云发现有时候儿子玩着玩着，突然想起史莱克的某个动作，他会立马模仿一下这个动作，连史莱克的英语对话都能流畅地说上来，这让晓云感觉更神奇了。后来，晓云给儿子弄来了更多的英语动漫片子，她发现儿子根本不需要她陪。儿子经常自己一个人看动漫片子，甚至有的时候在饭桌前坐下，儿子会叽里咕噜地说动漫片中的某个人物如何如何的，晓云发现儿子对英语好像已经蛮熟悉的了。

上面的故事，再次让我们看到了利用动漫潜移默化学英语的妙处。看到这里，还等什么呢？赶快让您的孩子看动漫学英语吧！

在给孩子选择第一部动漫片时，妈妈一定要了解孩子的胃口，知道孩子喜欢什么，要让第一部动漫片成为孩子的最爱，这样孩子才会逐渐喜欢动漫片中的英语。希望妈妈选择动漫片要由易到难，逐步地引导孩子一点点接受英语。最初选择的人物少一点，情节简单一点，人物的对话简单一些，女孩可能喜欢公主之类，如《白雪公主》，而男孩可能比较喜欢打斗的硬汉形象，譬如《功夫熊猫》等，然后逐渐增加难度。

给孩子选择动漫片时，建议妈妈提前过过目、把把关，一定要把那些翻译劣质、画面感不好、情节不健康的动漫片剔除掉。譬如过早涉及到情感、暴力、凶杀等情节的，一定要排除掉。孩子的心灵世界就像一张白纸，一定要把那些最真、最纯、最美的东西传递给孩子，切忌放任自流地让孩子在电脑上观看。有的时候妈妈一不留神，孩子可能接触到不健康的内容，那对孩子的害处可就大了。

选择动漫片要注意选择主题积极的，像有些动漫片把一些懒惰、狡诈、勾心斗角等坏思想蕴含在里面，孩子耳濡目染，容易影响未来的世界观和人生观。譬如看《蜘蛛侠》影片，前几年有个很惨的新闻。一个孩子模仿蜘蛛侠，抓着绳子从阳台往楼下跳，因为绳子根本没有系在任何东西上，所以孩子抓着绳子直接就坠下了高楼，摔死了。所以，孩子学英语的目的是好的，但是妈妈一定要时时观察孩子天性当中的模仿，做及时引导，以免弄巧成拙，出大问题。

孩子喜欢被赏识，被大人夸奖，也喜欢与大人互动。所以，孩子动漫片子看多了，有了一定的英语语感后，妈妈要有意引导孩子刻意地去记、刻意地去说。孩子说得越多，说明孩子感知到的英语单词越多。在妈妈的逐步引导下，相信孩子一定会拥有一双会"听"英语的耳朵和一个会"说"英语的灵巧的嘴巴。

* * * * *

5.5 到大街上学英语

走在大街上，到处是人来人往，随处可见商家店铺，橱窗里挂满琳琅满目的商品。若是能够把抽象的"bus（公共汽车）""window（窗户）""girl（女孩）"等单词放到大街上去学，孩子在不停地接触实物的过程中就会把实物与英文单词顺利地联系到一起，学起英文单词来就会非常快。

一些简单的英文句子也是，譬如"hello!（你好）""how are you?（你好）""you are so beautiful!（你真漂亮）"等。你可以边走边告诉孩子和对面这个人该如何打招呼，然后让他尝试不停地走向对面的人重复打招呼，那么你会发现孩子学得非常快。

与在课本上、复读机上学英语相比较，在大街上学英语更自由灵活。如果碰到几个老外，你还可以让孩子尝试与老外交流，可以告诉孩子黄色的头发、蓝色的眼睛、高高的个子等该如何用英语表达，孩子一定会非常感兴趣。

到大街上学英语可以采用系列学习法，即每次学习一个系列的英文内容。譬如今天出门学习颜色，那么看到蓝色的广告牌，你要告诉他这就是blue；看到绿色的公交车，你可以告诉他这就是green。譬如今天学习人物，那看到男孩，你可以告诉他这就是boy；看到大男孩，你可以告诉他你应该称呼对方为brother；看到同龄的可爱的小孩，你可以告诉宝贝你可以和对方做friend。

现在很多广告牌上有中英文兼有的广告词，你可以读给孩子听，告诉他这个广告词是什么意思，这段广告词用英文是怎么说的，让孩子重复几遍。也许孩子只是出于好奇跟读几遍，或许他一个单词都搞不懂，但是时长日久，这些单词、句子会慢慢渗入他的脑海形成印象，将来孩子或许上学学英语时就会记起自己曾经跟着妈妈在大街上学过这个单词或句子，他会记忆得非常快。

莹是一个非常喜欢用立体事物教孩子学英语的妈妈，只要天气不错，她就会用自行车载着贝贝满大街转悠，母子两个一边骑着车子一边聊天，这种感觉非常好。贝贝问莹："妈妈，树用英语怎么说？"莹会开心地告诉他："tree。"莹也会主动告诉贝贝："看，那边广场的喷泉很漂亮吧，你知道'广场''喷泉'用英语怎么说吗？"贝贝好奇地说："妈妈，快告诉我吧！"莹告诉他："'square'是广场的意思，'conduit'是喷泉的意思。如果你喜欢音乐喷泉，你可以说'Music Conduit'。"莹和贝贝聊英语的范围很广泛，譬如蓝天白云、花鸟虫鱼、人物形象、颜色、服装等，只要在大街上能够看到的，莹都会与贝贝交流。

走累了，莹会带着贝贝找一处公园坐在石凳上看风景、看人流，只要贝贝喜欢听，莹会一一用英文告诉他。有时候莹也会放简单的英文歌给贝贝听，因为环境不错，心情不错，贝贝学这些英文单词和句子学得也很有兴趣。若是平时在家里让贝贝看书，贝贝会显得非常烦躁，莹用这种方法顺利地实现了对贝贝的英语启蒙。

与莹不同的是另一位妈妈凯丽，凯丽不光带着孩子到大街上走一走看一看，而且她会让孩子亲自动嘴尝一尝，用手摸一摸。譬如看到街上卖水果的，孩子好奇那样子怪怪的是一种什么水果，她会停下车子，买一块给孩子吃，告诉他这就是"durian（榴莲）"。因为榴莲的气味和味道都很特殊，所以孩子第一次吃榴莲，就一下子记住了"durian"这个单词。

从上面的两位妈妈的做法可以看出在大街上转悠，真是更容易让宝贝学到更多的英语单词和句子，妈妈们可以尝试借鉴这种方法。

大街上人来车往，虽然视野比较开阔，可接触的多彩的事物也多，但是在带着宝贝到大街上学英语的时候一定要注意安全。不能因为被广告、奇特的场景吸引，而忘记了保护好孩子的安全。当然交通安全，也可以成为用英语教育孩子的一类知识。

大街上的事物多姿多彩，最初到大街上学英语的时候，应该从最简单的单词学起，譬如car（汽车）、see（看见）、door（门）、cake（蛋糕）、bag（书包）等比较短小的单词，然后逐渐学长一点、难一点的单词。还可以教给孩子基本的日常用语，譬如对不起（I'm sorry）、谢谢（Thank you）、你非常漂亮（You are very beautiful）等。

孩子对英语的感知，除了读和背之外，还要多听、多看、多摸、多嗅，可以尝一尝。因为多种感官调动后，会给孩子留下深刻的印象，而本身英语是抽象而枯燥的，能够借助实物、借助不同的感觉，对英语单词、句子取得立体的理解，这是有利于记忆的一种好办法。

针对某些英文单词和句子，可以让它变成街头的一个故事片段、一个场景，把这些单词和句子放到一定的背景中去理解。譬如记忆"女孩"这个单词，可以让孩子观察走路的女孩、骑电动车的女孩、从车里走下的女孩、生气的女孩、坐电梯的女孩、吃冰淇淋的女孩等，有了这些有趣的场景，孩子一定会牢牢地把女孩（girl）这个单词记住。

* * * * *

5.6　商场里学英语

　　商场是孩子最喜欢去的地方之一，因为这里有各种各样好玩的东西。对于爱逛街的家庭主妇们来说，商场可是教孩子学英语的好地方，你可以购物、教育孩子两不误。当然，前提是作为家庭主妇的你懂一些英语。因为商场里的信息量太大了，如果作为家庭主妇的你也记不住那么多单词、句子的话也不要紧，你可以把这些整理成小册子，提前在家里预备好本次逛商场要教给孩子的单词或句子，让孩子熟悉后，再带着孩子去商场把这些抽象的单词或句子与实物相对应。这种提前做足功课的方式，会在孩子的脑海里留下更深刻的印象。

　　"哦，又要去逛商场喽！"听到妈妈要带着她去逛商场，小瓶子高兴地跳起来。小瓶子去商场最喜欢的是坐购物车，别看小瓶子七岁了，可是她瘦瘦的，坐在购物车里，被妈妈推着到处逛游，是她最快乐的时光。而且妈妈特喜欢陪小瓶子聊天，她耐心地告诉这种商品用英语怎么说，那种商品叫什么名字。在妈妈的这种方式熏陶下，现在小瓶子会一边看商品，一边用英语描绘，譬如颜色、大小、味道、好不好看、买不买等，小瓶子都可以用英语流利地表达出来。

　　而且由于所处的是大城市，在这家大型商场里经常会碰到金发碧眼的老外，妈妈鼓励小瓶子主动向老外打招呼。老外非常善于交流，在小瓶子打过招呼后，他们会主动停下脚步，与小瓶子快乐地交流上几句。看着小瓶子连比划带说的可爱样子，老外也非常高兴。

另外，小瓶子在商场里还交了不少好朋友，因为有许多妈妈也是带孩子到商场里长见识、学英文单词的。有个热情的小姐姐自己会很多英文单词，她会一个一个地教小瓶子。现在小瓶子不光学会了很多英文单词和句子，而且还在这个小姐姐妈妈的引荐下参加了一个儿童才艺大赛，获得了一个不错的名次。

上面的故事，应该让妈妈们对去商场学英语这种方式有了新的认识吧。其实，不光可以看，还可以吃啊。商场里有试吃的推销摊，也可以吃快餐。看够了，那带着宝贝就去吃吧！吃的时候，譬如有做水果拼盘试吃的，妈妈可以趁机教孩子认识水果；吃快餐，可以趁机让孩子了解餐具、实物的名称等。所以带着孩子逛商场学英语确实不错哦！

小金也喜欢带着儿子去逛商场，小金的儿子叮当可是个"老江湖"了，在商场里学了不少英文单词。到了商场，他牵着小金的手，这个看看，那个摸摸，一边嘴里还用英语评判着，这个好玩，那个漂亮，这个丑八怪。如果他想买什么了，就直接用英语指给小金看，因为这是小金的秘密规定，要想在商场里买东西，必须用英文告诉她，她只接受英文的表达。刚开始叮当搞不明白妈妈的意图，对于小金让他认的那些单词爱理不理，后来发现不能用英文说出的东西，小金坚决不给买，因此叮当就学乖了，他想要什么就提前把单词记住，然后到了商场就可以顺利买到自己想要的东西，譬如组装玩具、各种零食等。

上面故事中小金的做法也不错，她给孩子制定了一个规矩，略带强制性地引导儿子主动学英语，用英语表达出他想得到的，实际收效也不错。

商场是人流密集的地方，容易发生孩子走失的事件，所以带着孩子去哪家商场，怎样看护孩子，一定提前计划好。到商场，要在保护孩子的前提下学英语，而不要仅仅为了学好英语，走丢了孩子。另外，商场还会发生譬如电梯夹住孩子手、衣服、头发等导致儿童受伤害的事件，所以坐电梯时要注意保护好孩子。

强制性的做法，虽然可以让孩子学到大量的英语知识，但是能够激发孩子的学习兴趣才是关键。有了兴趣，就有了动力，孩子才会主动积极地去学习。

商场里的信息量比较大，引导孩子学英语时，一定要从小容量的知识开始。譬如每次学十个单词就可以，坚持一个月，就可以学到几十个单词，一年下来孩子积累的单词量也相当惊人了。在此基础上，可以逐渐递增。因为孩子对英语有兴趣了、有语感了，每次增加一两个单词，或者加个句子，他可能也不觉得累。小量渐进的方式可以让孩子轻松学英语。

在不断学习新的英语单词或句子的同时，要注意记忆遗忘的规律。并不是说孩子这次背得滚瓜烂熟，以后就忘不了。其实孩子后来学的英文知识会干扰之前学的，所以学习知识需要不断地重复，循环往复地记忆。唯有这样，才能把前后学过的英文知识都扎实地记住。

* * * * *

5.7 如何教会孩子一分钟记10个单词

　　英文单词，可以分散在日常生活中直观地去学习，也可以浓缩在一分钟内快速学习。当然这种快餐式的学习，可能会让孩子短时记住很多单词。但是只有日后的巩固跟上，其学习效果才能有保障。

　　现在流行很多快捷的学习方法，其实任何一种方法的运用都需要一定的记忆技巧。那么如何在一分钟内教会孩子10个单词，也是需要一定的技巧的。至于使用什么技巧，请看下面的两个故事。

　　萍女士喜欢培养女儿快捷记忆单词的习惯。她认为记忆单词最好的时间是早晨和晚上，早晨大脑经过一晚上的休息后心无杂念，记忆力最好；晚上万籁俱寂，没有白天喧嚣的干扰，人的思维处于很活跃的状态，也容易记住单词。所以在这两个时间，萍采用"范读+重复+读音与意思关联"的做法，同时配合相应的图片、实物或动作，加深女儿对单词的印象，譬如"大象，大象，elephant['elɪfənt]，大大的耳朵像蒲扇。"嘴里说着，同时手比划耳朵像蒲扇。妈妈读的时候，孩子跟读，孩子读音有误，妈妈要给纠正，这样每个单词重复三遍到五遍后，孩子很快就记住了。不过这种记忆方法，萍也是一点一点帮女儿培养起来的。最初女儿只能一分钟记住4个单词，随着逐渐训练，现在她能一分钟记住10个单词。

　　从上面的故事看，这种一分钟快捷记单词的方法，也不是偶然得来的，需要根据孩子的情况逐步培养。当然如果您家里拥有一个非常机灵的小朋友，一两遍就可以记住的话，那么妈妈们就省劲多了。

　　李女士教儿子记英语单词的方法，则采用的是化整为零的方法。根据一个单词的读音，她把单词根据音标划分成2～4块，李女士读的时候，让儿子一部分一部分组合起来记，同时辅助以简单的意思讲解。譬如window（窗户），读成"win dow"，然后李女士指着窗户，重复三遍，儿子跟读三遍。儿子读得好，李女士就竖一下大拇指。在李女士的激励下，儿子背诵的兴趣更加浓厚起来。

　　孙女士采用的也是化整为零法，与李女士的做法有别的是在化整为零后她采用汉语谐音法，让女儿记住谐音，从而使得女儿能够快速地记住每个单词的发音。譬如listen（听），孙女士指一下耳朵，然后说"雷森"，"打雷的雷，森林的森"；譬如pest（害虫），孙女士说"拍死它"，是害虫当然要拍死它了。这种方法，虽然有点蹩脚，也不够科学，但是因为汉语是我们的母语，所以孙女士的女儿用汉语谐音法，确实记住了很多单词。

　　上面两位女士提供的方法，都有自己的特色。俗话说"教无定法"，该选择哪种方法，关键要根据孩子的实际智力状况和兴趣点因材施教，这样才会更有效果。

　　每个孩子对事物的兴趣点是不一样的，有的孩子喜欢顺口溜，有的孩子喜欢形象实物的记忆，有的孩子喜欢理解基础上的记忆，还有的孩子能够记住短小的内容，所以记忆的知识需要化整为零等。找准你孩子的兴趣点，那么学单词就容易了。

　　学英语要坚持多读，抓准记忆的最佳时间段，并且要养成孩子强制记忆的习惯。最初可能强制记忆的内容很少，时长日久就形成一种记忆习惯。而且随着反复训练，孩子的记忆力会越来越好，单位时间内记住的单词会越来越多。

　　英语毕竟是一门外语，在我们日常的生活中很少用到，所以孩子最初接触可能不太习惯。因此，妈妈要有意识地多引导孩子读单词、听英文小故事，看英语动漫，当孩子培养出一定的语感后，单位时间内他学英文单词的效率自然就会提高。

　　快速记忆的单词，往往也是容易被遗忘的对象，因此要想使得快速记忆的单词被牢固地记住，就必须遵循记忆的基本规律，经常拿出来复习。孔子说"温故而知新"，经常温习这些学过的单词，也可以收获新的知识。

* * * * *

第六章

智慧妈妈的"美术"小天地

"方方的脑袋，方方的窗，细长的身子，圆圆的轮。"猜猜这首儿歌要让我们画什么呢？哦，聪明的妈妈已经猜出是"大卡车"了。又如"鸡头画小圆，鸡身画大圆，翅膀画半圆，眼睛随着头部转，小脚画两边。"这首儿歌当然是讲怎么画小鸡的。再如"圆头方身柱子腿，小圆眼睛扇子耳，三角牙齿伞柄鼻，腿壮趾宽尾巴短。"这个当然是讲怎么画大象的。有趣的儿歌，在孩子们面前打开了美丽的美术天地。亲爱的智慧妈妈们，从现在开始，我们要学习怎么教宝贝们学美术了！

　　提到美术，可不光画画那么简单，什么泥塑、剪纸、折纸等很多手工制作也属于美术的范畴。希望这一章节会给妈妈们提供更多更有效教宝贝学好美术的方法。

6.1 认识"赤橙黄绿青蓝紫"

在太阳的照射下，我们看到了自然界的万物呈现出赤橙黄绿青蓝紫的光芒，正是因为赤橙黄绿青蓝紫等颜色的装点，我们的世界才多姿多彩，充满了生机和活力。否则，我们可以想象，只有黑和白、蓝和绿等的世界该多单调啊！

宝贝们日常接触的颜料中，赤橙黄绿青蓝紫是很分明的。其实有些色彩混搭之后，可以出现另一种美丽的色彩，请看下面这首《色彩谣》。

色彩谣

红和黄手拉手，变出橙色画桔子。

黄和蓝手拉手，变出绿色画叶子。

红和蓝手拉手，变出紫色画茄子。

它们三个手拉手，变出黑色画轮子。

看完了这首儿歌，那么当宝贝手里画笔的颜色比较单调的时候，我们也可以组合涂抹出有趣的色彩了。

教孩子们学美术，必须从色彩开始，有了色彩，才有了多彩的美术。那么，该怎么对孩子进行色彩的启蒙呢？其实，很多妈妈已经从小对孩子开始这方面的引导了。

　　譬如孩子小的时候，有的妈妈会在孩子躺的前上方挂一串小气球，嘴一吹气球就四处飘逸。这时候妈妈会告诉不会说话的孩子，"这是红气球，那是绿气球，这是黄气球"，孩子的脑海中其实已经留下了关于色彩的印象。

　　譬如看动漫的时候，妈妈说这个是蓝色的精灵，那个黄色的是他的食物，他生活在蓝色的大海里，和红色的妖怪作斗争，其实这时孩子也已经接受了关于色彩的启蒙。

　　譬如买衣服时妈妈问宝贝，你喜欢这款粉色吗，还是喜欢那款绿色的？在宝贝做选择的过程中，其实已经在宝贝心中留下了色彩的种子。

　　对孩子进行色彩渗透时，不光要单纯地让他认识几种色彩，还应该加以语言描绘。譬如：

　　红色，是国旗的颜色，是鲜血的颜色，是红玫瑰的颜色，是妈妈的红裙子的颜色，是红气球的颜色，是红色房顶的颜色。大自然中有一种奇怪的石头叫鸡血石，如果石头里的颜色越红艳，光泽度越好，它就是上品。红色，是一种特别能激发我们生命活力的颜色，它像红红的火苗，给我们温暖和力量。

　　紫色，是表姨紫色的嘴唇和指甲的颜色，是妈妈的紫色羊绒大衣的颜色，是秋天成熟的紫葡萄的颜色，是一种很高贵的颜色。

　　白色，是天空云彩的颜色，是爸爸背心的颜色，是墙壁的颜色，是百合花的颜色，是宝贝皮肤的颜色，是茶几的颜色，是雪的颜色，是棉花的颜色。白色是一种很圣洁的颜色。

　　用这样的方式教孩子认识颜色，相信孩子很快就会接受对各种色彩的理解，提高对色彩的识别能力，从而在画画或做美术手工时，能够正确地运用这些色彩。

秀景是位略有些野蛮、个性的妈妈，对于色彩的引导，她是这样做的。最初，她的宝贝安迪对色彩认识有些混乱，秀景就给安迪买了一盒彩色的颜料，然后把一条雪白的坏掉的丝巾丢给安迪。安迪觉得好玩，就用各种颜料在丝巾上涂抹，把丝巾涂成了大花脸。看着安迪恶作剧地咯咯笑，秀景也很开心，她耐心地引导安迪在丝巾上用各种颜色涂抹，画红太阳，画绿树叶，画白色的兔子，画黄色的小鸭子，按上黑黑的十个指印。玩到尽兴处，秀景在儿子脸上涂抹一把，安迪也在妈妈脸上抹一下，不一会儿两个人就成了大花脸，最后秀景狡黠地对儿子说："看看谁的脸上色彩多，多的那个就是胜利者，少的那个是失败者，失败者要负责打扫'战场'哦！"结果秀景失败，负责打扫"战场"。

这么有趣的画画之后，安迪彻底迷上了色彩。现在的安迪是一名很有名的小画家，经常在市里的各种绘画比赛中拿奖。秀景的这种启迪方式有趣吧？

色彩属于视觉的东西，是比较抽象的！在教孩子认识色彩的时候，妈妈若只是干巴巴地用嘴巴说似乎有些无趣，不如采用动手的方式，看看、摸摸、涂一涂、画一画，这样会加深色彩在孩子脑海中的印象。

从男孩的拼装玩具到女孩的拼图，这些玩具的零部件大多是根据色彩、形状和大小来区分的，通过带着孩子玩拼装玩具，让孩子在色彩的海洋里尽情遨游，也是一件不错的事哦。

认识色彩的过程中，妈妈要全程陪伴。一是作为讲解员的身份，二是担当起安全护卫员的身份。因为有的孩子会把涂料往嘴巴里放，尝尝味道；有的孩子会把小玩具零件往耳朵、鼻孔等里面塞；还有的孩子爬上爬下找东西也有危险。若是孩子在户外运动，那危险系数就更大了，所以妈妈一定要保护好宝贝。

在孩子接触新事物的过程中，妈妈只能略加点拨，若是太过规范的话，容易抹杀孩子的想象力。大家都听过这样一个故事：有个人画了一个圆圈在纸上，问像什么。先问小朋友，小朋友七嘴八舌，像月亮、像烧饼、像壶盖等；问大学生，大学生说就是个圆；再问政府工作人员，人家回答说等研究完了再回答。这个故事说明的就是一个想象力逐步缺失的问题。面对孩子涂抹的绿色的太阳、黄色的星星、红色的叶子等，妈妈一定不要急于否定，一方面要引导孩子明白实物是怎样的，另一方面表扬孩子具有想象力，让孩子画出更多心中的图画，涂抹出心中更美的色彩。

* * * * *

6.2 简笔画乐趣多

很多人画过简笔画吧！一笔画出小鸭子、大鹅、小老鼠、四蹄扬起的骏马等，只是一笔的勾勒就可以画出那么多生动鲜活的形象，是不是很有趣？

画简笔画，不需要专门的画室，只要有一支笔，不管是铅笔、蜡笔、水彩笔、钢笔还是圆珠笔，再有一张纸，所有画画的工具就准备齐全了。我们开始跟着妈妈的口诀画简笔画，因为简笔画一方面需要作者 "胸中有丘壑"，对所画的事物脑中有一个清晰的印象，还需要一定的下笔技巧，更需要关注细节。譬如 "马" 的脊背的弧度、鬃毛的造型、马头的样子和四条腿的分布，都是需要重点注意的细节，这些细节处理不好，那么画出的形象就会失真。

金雨是一位有心的妈妈，只要接触到动物形象，她就会把它提炼成一些线条，然后三两笔勾勒出来。没事的时候，金雨经常带着儿子去动物园观察各种动物，有的时候她还会带儿子去农家小院看那些鸡、鸭、鹅、狗、猫等。回到家，金雨就会教儿子画。在一般人看来那么复杂的动物，金雨几笔一勾勒，就活灵活现地出现在纸上。

简笔画，因为画法简单而成为妈妈和孩子们的最爱。一次画不像不要紧，可以重新画，就像达·芬奇画鸡蛋一样，要画出相同的鸡蛋也不容易，所以画完了，可以比较一下，看看哪一个画得更好，哪里还需要改进。这样长时间地坚持，孩子的观察力和想象力更加丰富，用笔技巧和画画的水平都会得到提高的。

　　婷是一位非常用心的妈妈。为了让女儿能够画出漂亮的简笔画，她搜罗了一些口诀教女儿画事物，结果效果不错。譬如画刺猬的口诀是"弯弯一线画肚皮，长满刺刺是脊背，嘴巴尖尖眼睛小，两腿弯曲向前爬。"口诀说完了，婷女儿的小刺猬也画出来了。再譬如画苹果树的口诀是"远看一团棉花团，画上树干分枝杈，苹果圈圈像眼睛，漂亮的睫毛眨呀眨。"这些简笔画口诀通俗明了，念起来琅琅上口，孩子念完了口诀，有趣的图画也画出来了。

　　读了上面的故事，有的妈妈可能要问：这些有趣的口诀是在哪里找到的？告诉我们，我们也找来教给孩子。其实呀，这些口诀都是婷自己编的。妈妈们也可以自己编呀，就像编顺口溜、打油诗一样，抓住事物的细节和画画的关键，三四句就够用了。

　　我记得小时候学简笔画是从数字开始的，两个2可以画出小鸭子，4可以画成小红旗，两个3相对可以画出葫芦的造型等等。生活中其实很多复杂的事物都可以提炼成线条，然后画出有趣的图画，譬如茄子、香蕉、菠萝、杯子、帽子、铅笔、眼镜等，它们通过曲线、直线、圆、点等组合出来，就是一幅幅趣味盎然的画。

　　还有的简笔画，可以依据实物来画。譬如我朋友的儿子，曾经把一只杯子扣在纸上用铅笔画出了一个圆，然后画上三根毛、眼睛、眉毛、嘴巴，就画成了三毛笑眯眯的形象。还有一次他把手放在纸上，用笔沿着手的边缘游走，最后画出了一只很形象的手掌，他在其中一处写上"齐天大圣到此一游"，俨然这幅画就有了故事内涵了。我们都知道孙悟空在如来佛手掌上胡闹一通，撒了泡尿，还留了字，后来被压在五行山下的故事。你看，这幅简笔画多好玩啊。

既然简笔画这么好玩，相信很多妈妈都想尝试吧！其实画简笔画的过程，也是一个和孩子交流沟通的过程。

简笔画，既是一种美术的启蒙，也是一种娱乐。孩子玩得有趣就行，不要求多像。简笔画重在神似，可能线条勾勒得不那么到位，但是只要能看到实物的影子，妈妈就应该好好表扬孩子。因为对于孩子来说乐趣是学习任何东西的原动力，有了这个原动力，孩子的简笔画一定会越画越好玩。

口诀是一种简单、利于记忆的画画指导。孩子掌握了这些口诀后，就会很快地就画出实物的形状。当然，口诀不要整得太复杂，要通俗易懂。若是整得太隐晦，孩子读完后不明所指，那口诀的存在就没有价值了。

动物、植物和生活日用品，一旦指导孩子画出来后，妈妈可以尝试引导孩子加入一个简短的小故事，譬如贪嘴的小狗、懒惰的猫、肚子饱饱的冰箱等。单纯的简笔画当然好玩，可是若加入故事情节，那就不光好玩，还可以启发孩子的想象力，把美术与文字联系到一块，也可以举一反三哦。

最初画的时候，妈妈会亲手示范，还自己编织口诀教给孩子。等玩得时间长了，妈妈一定要启发孩子，让他自己画，想画什么就画什么；让他自己编口诀，想怎么编就怎么编，妈妈只要能够指导简笔画的画法就行。孩子的创造力是无限的，只要妈妈们引导得法，孩子们一定会个个成为简笔画的高手哦。

＊＊＊＊＊

6.3 给小动物上色

　　你见过蓝色的茄子、黑色的菠萝、红色的兔子、绿色的喇叭花吗？孩子可以把画的颜色涂抹得如此远离实物，一方面是想象力所致，另一方面是好玩。有的时候可能妈妈已经告诉他实物是这样的，但是宝贝偏不听，我一定要涂我想要的颜色。当然，这里面还有一个爱好的问题，譬如小女孩喜欢粉色、红色、绿色的搭配，小男孩可能更喜欢比较严肃的颜色，譬如蓝色、黑色、紫色、褐色等，所以同样的一幅画，女孩和男孩涂抹的效果一定是不一样的。

　　我们都看过夜市上那些卖石膏玩具的摊贩，他们抓住了孩子的消费心理，给了孩子涂色的机会。于是一个个雪白的动物模子在孩子的涂抹下，慢慢有了漂亮的色彩，最后成为孩子们的真爱，涂好色的成品可以保存在孩子的书柜里。站在这些摊点前看同样的动物模子，在不同的孩子手里变成了不同的样子，确实是一种享受，从中也可以看出不同孩子对色彩的理解是不一样的。

　　卢雪和女儿是夜市上的常客，每周她都会带女儿来到这个喧嚣的夜市找一家熟识的摊点，让女儿给兔子石膏模子上色。积累到现在，卢雪的女儿已经给几十个一尺来高的石膏模子涂抹上了漂亮的颜色。从最初的随意涂抹，到后来的模仿卡通图画里角色的衣服搭配颜色涂抹，到现在从美的角度上色，卢雪的女儿手底下的兔子越来越漂亮。

这些漂亮的兔子玩具，有的送给了过生日的同学，有的送给了亲戚的孩子，卢雪的女儿书柜里现在只保留着与喜洋洋、米老鼠、白雪公主三个角色同色系的三个兔子玩具。为此，卢雪总是取笑女儿是"兔子公主"。

不过，为了让女儿认识真正的兔子，卢雪还是带着女儿去了乡下养殖动物的人家，看到了雪白、灰色、黑色、黄色、花色的家兔，还有土黄色的野兔。卢雪的女儿给兔子喂了青菜，看到兔子的三瓣嘴、兔子牙、红眼睛、短尾巴，她才真切地知道兔子是这样的，对兔子的颜色有了正确的认识。

从上面卢雪和女儿的做法中我们可以看出，给喜爱的动物上色，开发了小女孩无穷的想象力，几十个兔子可以有不同的颜色。不过，不管孩子喜欢什么样的小动物，我们最终还是要让孩子知道实物的真正颜色。毕竟自然万物，在颜色上是有一定局限的，有些动物的色彩是固定或单调的。了解了实物的颜色，孩子们才能画出更真实的图画，不是吗？

我的儿子最爱看动物世界、自然解密类的栏目，所以他对世界各地的动物了如指掌，小到蜂鸟，大到大象、长颈鹿、鲸鱼等，也包括绝迹的恐龙等。因为对动物的颜色了解得比较清楚，所以儿子给动物图画上色时，总是很刻板地把实物原本的颜色呈现出来，真实得一步到位。不过，虽然真实，但是又少了想象力带给我们的天马行空的味道。

不管怎么说，孩子们是爱动物的，在动物身上他们找到了乐趣，在涂抹动物图画的过程中享受到了创造的乐趣，儿童的世界就是这样奇奇怪怪。在成人看来有些思想比较怪异的孩子涂抹的黑黢黢、蓝幽幽的图画很怪诞，我们也不要盲目去纠正。或许这些孩子存在着荒谬的意识，妈妈要一点点引导孩子走出心灵的阴霾，在动物的图画世界中找到真善美，找到快乐的成长轨迹。

孩子的喜好不一样，喜欢的小动物就不一样。当有的孩子只把注意力集中在几种小动物身上时，做妈妈的可不能坐视不管，要注意让他给多种动物涂色，一定不要只给兔子、小狗、小熊等涂色。只有几种动物多单调啊，生活就该多姿多彩，要画好多好多小动物，孩子的生活才有乐趣。

孩子的想象力非常强，涂抹的动物肯定五彩缤纷。当你发现孩子涂抹的颜色永远与实物有一定差距的时候，我们可以通过观察实物的方式或者语言点拨，让孩子明白真实的动物是什么色彩，但一定不要武断地呵责孩子说："你这样画是错误的，怎么能胡乱画呢？"对于孩子来说，胡乱画也是想象力的表现。

由于生活地域的限制，孩子见到的动物其实很少，孩子画出的动物种类也很少。不要紧，带着孩子看电视、电脑，去野游，去动物园，这些地方飞禽走兽多的是，它们可以开阔孩子们的视野。视野打开了，孩子的面前才能呈现更加多彩的世界，譬如热带鱼、鸟类、长颈鹿、斑马等。很多动物的色彩搭配特别复杂，而孩子往往只会涂抹单一的色调，若是看到这些动物，相信孩子笔下的动物的色彩会更艳丽多彩。

涂抹色彩的过程，也是儿童表现的一个过程。对于自己的表现，儿童对家长表扬的期待特别高，所以即使孩子涂抹得不漂亮，也永远不要嘲笑孩子。妈妈是孩子的第一位老师，你的每一句表扬都会给孩子增加一份前进的动力。所以请记住：一个智慧妈妈，一定是一个善于表扬孩子的妈妈。

* * * * *

6.4 花园里的百花多

当春天来临的时候，我们到花园走走吧，从梅花、迎春花到杏花、樱花、桃花；随着梨花、苹果花的脚步我们走进盛夏，看荷花、月季，还有很多美丽的花儿直至秋天才绽放，像金钩一样弯弯的白色、紫色、黄色的菊花。嗅着花的芬芳，妈妈和宝贝该沉醉了吧？

花园永远是孩子喜欢去的地方，不光因为花园里百花多，还有蝴蝶、蜜蜂、蜻蜓等各种可爱的昆虫，它们扇动着美丽的翅膀，带给孩子们动感的诱惑。

当看到喜欢的花儿，孩子的神情是专注的，他会摘一朵花，看看花蕊，撕几颗花瓣，偷偷地塞到嘴里尝一尝。孩子对未知的世界就是这样好奇，他会调动起视觉、触觉、嗅觉和味觉等，全方位地观察一种事物。

手捏着花朵，孩子获得的是最直观的感受，他会了解花瓣的数量、形状、花萼、花蕊、花的颜色等。这样在画百花时，孩子才会抓住各种花的特点，画出惟妙惟肖的图画。

初女士所在的城市以月季花闻名海内外。每年从五月份开始一直到深秋，月季总是这所城市大街小巷最常见的花儿，那些月季花基本的花形像玫瑰。每年月季盛开的时节，初女士喜欢用电动车载着儿子到月季园里游玩。月季园里开满了各种各样的月季，赤橙黄绿青蓝紫，有单一色调的，还有的混合着好几种颜色；有的花开得有碗口大小，像晶莹透明的琉璃盏；有的纽扣大小，花瓣密密匝匝缀满长长的纸条，被装饰成了篱笆花墙。每次的游玩初女士总是做足了功课，她引导儿子认识花色、观察花型、数花瓣、尝花蕊上的花粉，玩得不亦乐乎。初女士很享受用这种方式教给儿子基本的美术常识。

月季花的美让母子俩流连忘返，其实生活中美的花还有很多，只要妈妈们肯用心，孩子一定会在花丛间懂得欣赏美，能够用画笔描绘美。

韩璐是一位喜欢花的妈妈，她所住的小区中间有个大花坛。除了冬季，花坛里总是繁花似锦，下午太阳不毒的时候，韩璐会带着女儿到花坛里玩。花坛里，有些花是可以摸的，有些花枝上有刺，女儿淘气的要摘花，结果被花刺刺伤了手指。韩璐就指着这种花，告诉女儿不可以随便摘公共场所的花。她还很耐心地告诉女儿这是一种什么花，画的时候花瓣应该是什么样子的，该涂什么样的颜色。另外她还把一些基本的色彩搭配原则告诉给女儿，譬如红色和白色、黑色、绿色该如何搭配，紫色和其他色彩该如何搭配，这些搭配原则也给了她女儿一定的美术修养。

其实花园里花是不是很多，并无关紧要。孩子能够从中接受到美的熏陶，能够学会基本的画画技巧，得到基本的美术启蒙才是关键。如果哪位妈妈想让孩子了解色彩，了解画花朵的技巧，那么请带孩子到花园里来吧！

光看不练没价值。孩子看完了一会儿就忘到脑后了，所以带着孩子看花后，回到家要让孩子尝试画花，譬如鸡冠花、月季花、兰花。唯有画一画，我们才能知道孩子的观察力如何，他在画画方面悟出了多少。

我们当地关于色彩搭配有一句俗语"红配紫，赛狗屎"，意思是一个女人穿衣服，若是浑身上下是红色和紫色搭配在一起，就是最差的搭配。再就是"红袄配绿裤，绝对赛妖精"，意思是日常生活，若是哪个女人红袄配绿裤，那绝对颜色对比强烈得扎眼、俗艳，是很差的搭配。我们到街上看那些做生意的门面房，有些店名的匾额色彩搭配得特别出彩，有些搭配的颜色就不显眼，没有起到很好的吸引买主眼球的宣传效果。所以，妈妈要掌握一定的色彩搭配原则，给孩子做简单的渗透。

光是一朵花，孩子不会提炼到什么有效的画画信息，若是能够在赏花的过程中，妈妈适当讲述一点点关于该花的生物常识，譬如花期、分布范围、药用价值、种类等，这对加深孩子对该花的印象，找到更好的画画角度是有帮助的。

实物虽然直观，但是还是需要找一本专业的美术画册，让孩子了解看到的这些花究竟该从哪些角度采用哪些画法去画。因为观察实物和落到画笔下，毕竟中间还有一定的距离。而这些专业的美术画册，可以启发孩子的思路，引导孩子学会该从哪些角度表现实物效果会更好。

* * * * *

6.5 泥捏的鸭子怕游泳

泥塑，也是孩子们非常喜欢的一种美术形式。从幼儿时玩的橡皮泥到现在某些地方开设的陶吧，很多孩子玩得不亦乐乎。

现在的孩子接触泥巴的机会已经很少了。我记得小时候，泥巴给了我快乐的童年，那时候身处乡村也没什么玩具，最有趣的娱乐项目，就是三五个好友聚在门前柳树下的大青石上玩泥巴。我们用泥巴团成滚圆的球，晒干后做蛋子，用弹弓打鸟。我们还捏一个锥形的大泥团，顶部固定一根长的棘刺，棘刺上顶着竹篾，竹篾两端担着两个小泥球，晒干后，用手轻轻一拨竹篾，整个竹篾就转起来，跟现在的旋转木马似的。除此之外，泥巴还可以做小人，捏小蛇，做各种可爱的造型。这些玩泥巴的岁月，在我的心中种下了美术的种子，以至于我后来都能够做各种可爱的手工精品。

现在的孩子玩橡皮泥玩得很好。五颜六色的橡皮泥，散发着香味，像令人馋涎欲滴的糖果吸引着孩子们。最便利的是，现在的橡皮泥包装盒中都带着各种模具，譬如米老鼠、五星、玫瑰花、大象等，孩子把橡皮泥摁在模具中，就可以印出一个小小的立体的造型，非常有趣。

宁子常喜欢带女儿去陶吧，悠扬低沉的莎拉·布莱曼的背景音乐，布局整齐的吧台，旋转的模具上渐渐成型的陶罐，烤熟的陶器散发的特殊的烧烤味道，宁子和女儿享受其中。回到家中，女儿扬起小脸对宁子说，"妈妈，把浴盆放满水。"宁子以为她要洗澡，可是女儿却拿着鸭子造型的陶塑跑到浴盆前，把鸭子放到水里，让鸭子游泳。可是，陶塑鸭子太沉了，一下子就沉到水底，怎么也游不起来。"妈妈，这只鸭子为什么不会游泳？"宁子哭笑不得，应付女儿说："泥捏的鸭子怕游泳。等到乡下，妈妈带你看有毛有肉的真鸭子怎么游泳。"女儿破涕为笑。

陶吧是比较高雅的去处，可以让孩子接触到更高深的美术操作技能。妈妈们可以根据自己的喜好，选择一种好玩的方式启迪孩子的美术心智。

在山东胶东有做面塑的习俗，每当盖房上梁、结婚生子或是过年过节的时候，都要做很多面塑。每当做面塑时，是孩子们最高兴的时候。大人忙活面塑，小孩子偷偷揪一块小面团，捏鸭子，做猪头，做莲花，玩得不亦乐乎。然后把孩子做的各种蹩脚的面塑放到锅里蒸熟，晾透了，涂上各种色彩，就是一件美丽的艺术品。

现在市场上橡皮泥和其他的泥塑原料很多，一定要选择市场上绿色环保的产品。要对孩子负责，不要根据孩子的意愿随意选择一些颜色特别鲜艳的，因为颜色鲜艳的有的含有对孩子成长有害的成分。

买一本指导泥塑的专业书籍或者收看专业的视频，弄清楚泥塑制作的某些重要技巧，对于孩子做出精美的泥塑作品是有好处的。有条件的妈妈可以带着孩子到陶吧接受专业的指导。

孩子的想象力无穷，他会制造各种奇奇怪怪超出你想象的作品。即使制造出的东西很丑陋，也要表扬孩子的创造力，因为这都是他的小小心血的体现，妈妈一定要尊重孩子的劳动成果。

　　泥塑作品记录了孩子宝贵的成长足迹。也许在妈妈的眼里看来幼稚，但是请放到书柜里好好保存孩子的泥塑"杰作"，那是孩子童真的心血和凝结。等许多年后孩子回过头来看自己的"杰作"，听自己的成长故事，他会感念自己曾经有过如此幸福的童年时光。

* * * * *

6.6 剪朵雪花贴窗上

　　过年喽，剪窗花喽！下雪喽，剪雪花喽！亲爱的妈妈，亲爱的宝贝，你们曾经一起观察过那些美丽的窗花和雪花吗？那些红的、白的纸片，在折叠之后，经过剪子的巧妙剪裁，就变成了美丽的图案，可以装饰房间。

　　雪花是大自然的精灵，每当冬天漂亮的雪花从天空飘飘洒洒地飞舞下来时，寂寞而单调的冬天便有了生机。孩子们是爱雪的，晶莹的雪花给了他们在大地上放飞自己的机会。堆雪人、打雪仗、滑雪，哪个孩子会不喜欢雪花呢？雪花是他们冬天最清晰的记忆。若是妈妈能够教孩子们剪雪花，孩子一定会非常开心的。

　　工具很简单，一张纸、一把剪子，加一支笔，我们将纸折叠后再画上喜欢的花，用剪子顺着画好的线剪裁下来，展开纸就会出现一片美丽的大雪花。妈妈可以守着宝贝，让孩子随意地剪裁，这样宝贝的面前一定会出现各种各样、大大小小、奇形怪状的雪花，这些可都是孩子的创作啊！

　　妈妈和宝贝若是不会剪也不要紧，下面仿照折纸、剪裁的过程跟我们做。

　　下面步骤演示中的第⑦步是关键，画出的图形稍微一变化，出现的雪花也不同，妈妈可以尝试鼓励孩子多画几种图形，多制造出些漂亮的小雪花。

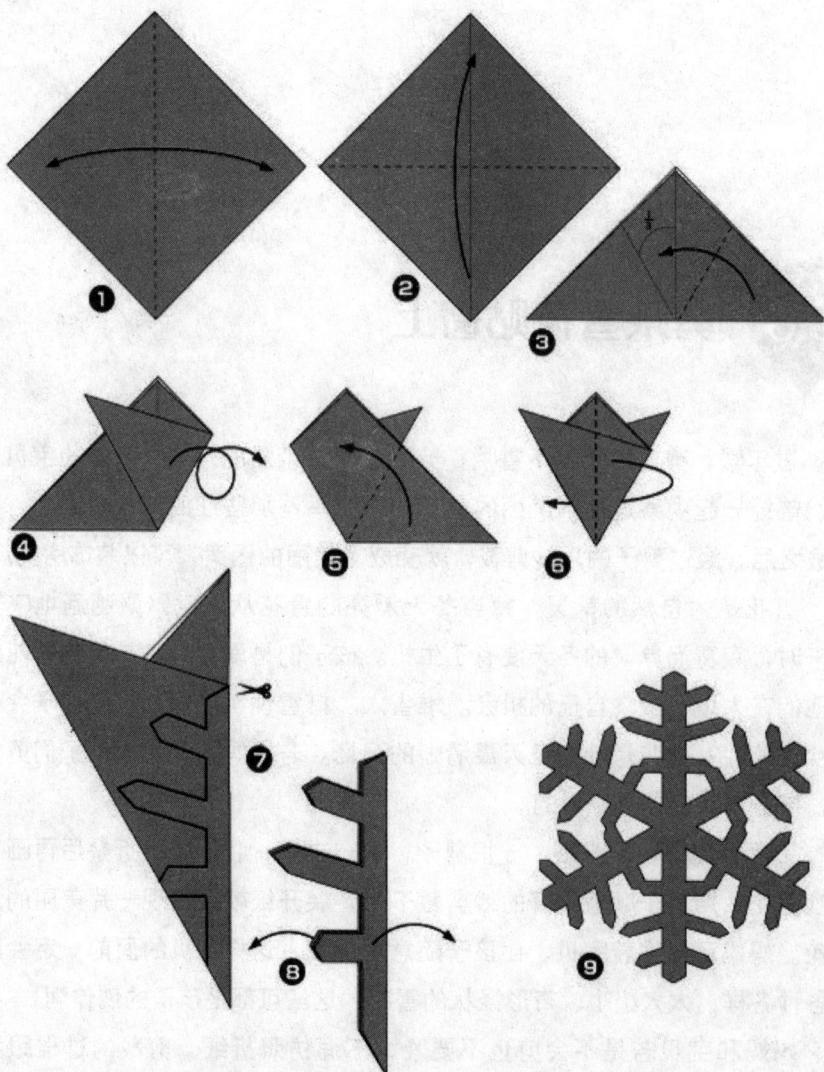

丽华的剪纸技能是祖传的，丽华的奶奶是山东省胶东地区远近闻名的剪纸名家，她的剪纸刀法细腻，善于剪裁花鸟虫鱼，有的地方连接处可谓只有纤毫。丽华教儿子学剪纸，是从剪小雪花开始的。丽华给儿子准备的是塑料的小剪刀，这样的剪刀不会剪伤孩子的手指。看着妈妈折纸，儿子也跟着折，折完了，丽华画出图形，教儿子顺着线条剪裁。等儿子学会了剪小雪花，丽华教儿子剪十二生肖，最初只是简单剪裁出轮廓，再后来连皮毛、鳞爪都纤毫毕现。后来丽华又教儿子剪富有意蕴的图画，譬如"年年有余""观音送子""松鹤延年""金玉满堂"等。再后来她又教儿子根据看的《西游记》《葫芦娃》《天书传奇》等动漫片，自己创造剪裁的形象。在丽华的启发和引导下，现在她儿子的剪纸技术已经相当厉害了，参加地区的比赛拿过二等奖。

与常见的美术形式不同，剪纸锻炼了孩子的立体构想能力。普通的小纸片，因为孩子的创造，有了美感，有了可欣赏的价值，有了深刻的内涵。所以，妈妈们如果喜欢，赶快教您的孩子来学剪纸吧！

在剪纸过程中要用到剪刀，注意选择塑料剪刀或者剪纸专用的剪刀，并且要指导孩子剪裁过程中注意不要伤了手指，更不要把脸凑得太靠前，用剪刀伤了眼睛之类。

只要孩子感兴趣，学会了剪小雪花后，要鼓励他爱怎么剪就怎么剪，剪个圆圈圈，剪个小鸭子，剪个四不像。只要孩子觉得好玩，那就使劲剪吧。在剪的过程中，孩子一定会提高动手能力、想象力以及审美鉴赏的能力，这些能力可都是学好美术的必备能力哦！

彩色的纸，更能激发起孩子学习的积极性。在剪纸过程中教孩子认识色彩美，初步了解色彩搭配的规律，从审美的角度教会孩子鉴赏色彩，都是不错的机会。

剪纸不能像刮风，学会了，玩够了，就没事了。剪纸要学会粘贴、积累。让孩子静下心来，把自己的剪纸作品认真地粘贴在一个本子上面。当他慢慢长大的时候，能够在自己的剪纸作品中看到自己的努力、自己的聪慧、自己的成长，这是一件非常幸福的事情。

6.7 做一幅亲子立体画

　　大家都看过那种折叠式的新年贺卡，打开后里面原本处于平面的纸板马上跳出来，变成了立体的造型。那么和孩子在一起画画的时候，妈妈也可以和孩子一起动手制作一幅亲子立体画。

　　立体画的做法很多，妈妈和孩子在一起可以尝试多种创作方法。譬如：

　　李女士和儿子找了夜光纸，儿子在夜光纸上面画妈妈，李女士在上面画儿子，画完了之后沿着人物轮廓剪裁下来，然后贴到黄绿色背景的卡纸上。这样卡纸上的人物形象微微凸起，就给人一种立体的感觉。到了晚上，夜光纸发出微光，卡纸上的人物形象显得绿莹莹的，非常有趣。

　　肖女士的家在东北，桦树皮很多。她弄来一些比较大的桦树皮，和儿子一起用雕刻刀裁出各种动物的形状，然后贴到一整块的桦树皮上。这些动物分布在大森林造型的背景上凹凸有致，使得整幅画显得非常有立体感。肖女士还指导儿子学着剪出妈妈和男孩的形象，贴到桦树皮上，寓示妈妈和儿子一同在大森林里散步，与动物们和谐相处。后来肖女士儿子的这幅题为《森林之母与小王子》的画因为极富创意在市级比赛中获得优秀奖。

　　何冰是一位非常有耐心的妈妈，她陪着女儿在树林里捡各种树上落下的漂亮的叶子，拔草茎，裁毛线绳，然后和女儿一起做了一幅漂亮的画。画的边框是用红毛线圈起来的，中间用漂亮的树叶剪裁出了树的形状贴上去，这样画中间就有了很多棵树。何冰和女儿用红色的富有蜡质的树叶剪出果实让它们挂满枝头，还剪出了小草的样子贴在画的底部，并且用毛线绳围出了漂亮的篱笆。最后何冰和女儿一起设计了一幅大手拉小手的图形，用树叶裁出来，贴到预留的空白处，这样一幅富有创意的亲子立体画就完成了。

有创意的方式还有很多，譬如用花生皮、瓜子壳等做出的画很生动，用塑料糖纸做成蝴蝶粘在卡纸上做出的亲子立体画也很有趣。你是一位什么样的妈妈，你有什么擅长的作画方式？请展示给孩子吧！

我曾经和儿子一起做过老师布置的家庭作业，我们选了一块硬纸板做背景，上面画上由斜上方流淌下来的小河，小河里用银白的糖纸剪成了小鱼儿贴在小河上，我们还用绿色的卡纸剪成小草贴在河边，用黄色、红色剪贴出了小鸭子贴到小河里，还有一轮红太阳高高挂在天上，远处再剪贴上一棵绿色的挂满红苹果的大树，一幅漂亮的亲子画也完成了。

亲子立体画，对孩子还是有一定的难度。有的原料孩子想不到，所以需要妈妈和宝贝一起做，孩子想不到的原料和色彩，妈妈可以帮助孩子找，指点孩子如何布局。当妈妈的智慧融入了孩子的想象力，那么一幅漂亮的亲子画一定会诞生的。

孩子的脑袋里总是有很多奇怪的画面，简直就是一个童话王国，他会把很多大人看来很奇怪的东西放到一幅画中，妈妈请不要打击孩子的创造力，要鼓励孩子把小脑袋中更多奇奇怪怪的形象画出来，创造出更多奇奇怪怪的立体画。唯有孩子把自己奇怪的想法在画上表现出来，妈妈才能深入孩子的内心世界，和孩子做更深层次的交流。

针对母子共创的立体画，妈妈可以把它们贴在自己的博客里展示出来，给孩子的创作成果一个展示的窗口。孩子都有表现的欲望，能够把自己的作品展示出来让更多人看到，孩子肯定会非常高兴。下次再创作的时候，孩子的创作欲望会更高！

6.8 到大自然里去写生

　　对于具备一定画画基础的孩子，大自然是他们提升水平的更好去处。走进大自然，一方面可以在怡人的美景中放松身心，让视野延伸到无限远；另一方面可以在色彩、形状的视觉刺激中，可以在味道的嗅觉刺激中，获得更深刻的形象体验，并且能够对过去认识有误区的事物获得新的认识。古诗云"横看成岭侧成峰，远近高低各不同"，因为每次写生的地点不同，孩子会对同一事物产生不同的体验，也能画出带有不同情感色彩的图画。因此，多带孩子到大自然中去写生，是提升孩子画画能力的好途径。

　　佳云最喜欢带女儿去看远山。在她们生活的城郊远处有一座座相连的山峰，这些山峰远看有各种各样的形状，这个像一个馒头包，那个像一个倒在地上的细颈大肚的花瓶；这个像一个躺着休憩的古代美女，身材凹凸有致；那个像一个袒胸露腹的弥勒佛，胖大的身躯，圆圆的光脑袋，大大的耳朵，非常可爱。把画架支起来，让女儿对着远处那些有趣的山峰发挥想象力，在画纸上勾勒出生动的线条。佳云则坐在一边的小马扎上静静地陪着女儿，偶尔会给女儿指点一下线条变形、色彩涂得失真的地方。

　　野外写生，让佳云的女儿体会到了画画的乐趣。每个周末，不用佳云催，她会主动请求妈妈带着自己去野外写生。

山，给了佳云女儿美丽的线条，也让佳云找到了与女儿交流的好去处。在野外，佳云和女儿谈天谈地、谈人生，这是以前在家里交流所做不到的。而且到大自然里去写生，可以让孩子减少上网玩游戏的机会，既保护眼睛又增长了见识，还提高了美术素养，这可是一举多得的事情。

木子最喜欢带着儿子去水边，木子的理由是"智者乐水，仁者乐山"，所以她更喜欢带着儿子去水边。郊野的小溪流，浅浅的；鹅卵石，大大小小；小鱼小虾，窜来窜去。再加上周围的茂林修竹，这里便显得无比安静，景色无比秀丽。木子帮儿子在溪边支起画板，教儿子拿着画笔在画板上画小溪、鹅卵石、小鱼儿、小虾，慢慢地一幅富有童趣的画就出现了。画了一会儿，儿子有些累了，木子捡了好多鹅卵石让儿子看，什么颜色的都有，儿子感觉很好玩，坚持要画鹅卵石。于是画纸上出现了大大小小、各种颜色的鹅卵石，儿子居然在鹅卵石中找到了画画的灵感。这让木子哭笑不得。

水边美丽的景色，让木子和她的儿子找到了乐趣。其实大自然的美景还有很多很多，所以作为一个智慧妈妈千万别把宝贝变成一个宅男或宅女。有机会多带孩子到大自然中徜徉吧，说不定某处的风景，会突然打开宝贝的美术思路，让你的孩子成为一个小画家！

写生的地点一定要提前选定，注意附近不要有蛇、狗等容易伤人的动物，不要很荒僻，附近的地势不要太险要，水不要太深。另外注意环境要优美。环境不美的话，对孩子的吸引力不会太大，对提高孩子的审美能力也不会有太大的帮助。

到大自然中去写生，在美景和实物面前，孩子不一定会被激发出怎样的灵感，所以不要太过限制孩子的创意，要让孩子在画纸上涂抹出心中认为最美的图画，让孩子尽情地感悟美，这样的话孩子或许会有更大的收获。

孩子完成画作后随意丢弃一边或者束之高阁，对孩子的促进作用都不大。若是能够把这些画作投递出去参加儿童画画比赛，就是给孩子一个和他人竞争机会，唯有比较才会进步。若是能够在比赛中拿奖，或者登载到儿童刊物上，那么孩子学好美术的信心就会更强。

* * * * *

第七章

智慧妈妈的"音乐"小屋

哆来咪，哆来咪，我们一起来做游戏。当音乐响起的时候，孩子们变成了快乐的天使，挥舞起手臂，旋转起身体，跳出美丽的舞蹈。音乐，给了孩子听觉的享受和素养的陶冶。在音乐的熏陶下，孩子的心灵世界里有了更美的园地。下面，就请妈妈们带着孩子来到我们的"音乐"小屋，开始我们美妙的音乐之旅吧！

7.1 宝贝，把你的耳朵竖起来

听，那是什么的乐音？像百灵鸟在歌唱，像蟋蟀在弹琴，像马儿脖子上的铃儿响叮当。哦，原来是专门给宝贝听的《大自然的神话》。里面录制了各种大自然的声音，教给宝贝用耳朵认识大自然的各种声响，训练孩子对音乐的辨识能力。

当孩子心情郁闷的时候，让孩子听一曲舒缓的音乐吧，像莫扎特的《小夜曲》，像理查德·克莱德曼的钢琴曲《童年的回忆》，像《找朋友》《春天在哪里》等。如果这些舒缓的音乐能够吸引孩子，那么孩子一定会获得心灵的宁静，一定会忘记郁闷。

当孩子调皮的时候，让他听一听讲故事的音乐，像动漫《西游记》《哪吒传奇》《大头儿子和小头爸爸》《喜洋洋》等的主题曲，孩子马上会被这些动听的歌曲吸引。"白龙马蹄朝西/驮着唐三藏跟着仨徒弟/西天取经上大路/一走就是几万里/什么妖魔鬼怪/什么美女画皮/什么刀山火海/什么陷阱诡计/都挡不住火眼金睛的如意棒/护送师徒朝西去。" 当这段包含故事的主题曲响起的时候，相信没有孩子会拒绝。

每个孩子的性格不一样，兴趣不一样，他感兴趣的音乐肯定也不一样。男孩可能会喜欢节奏强烈一点的，因为能够彰显出小小男子汉的力量；女孩可能会喜欢节奏舒缓一点的，因为舒缓一点的可以让她们体会到唯美和浪漫的感觉。所以根据孩子的脾性及时发现孩子感兴趣的音乐，对开启孩子的音乐细胞也是非常有益的。

魏薇女士是一个音乐盲，到KTV不会唱流行歌，在公司新年晚会上也因为不会唱歌而倍感尴尬，因此，魏薇女士特别希望儿子能够有一个好歌喉。魏薇女士的儿子小时候可是个大嗓门，哭起来声音嘹亮清脆，真是惊人。随着儿子长大，在看动漫和音乐表演的过程中，魏薇女士发现儿子喜欢小声哼哼，还喜欢手舞足蹈，于是魏薇女士想发掘一下儿子的音乐天赋。只要在家里，魏薇女士就会尝试播放不同风格的音乐，如动漫主题曲、钢琴曲、黄梅戏、摇滚乐、古典乐曲等。魏薇女士发现儿子喜欢黄梅戏，听着黄梅戏居然会摇头晃脑，很陶醉的样子，除此之外是歌星韩磊苍凉悠扬的歌。于是魏薇女士经常给儿子播放这些歌曲，时长日久，魏薇女士发现儿子居然能够自己哼唱有些歌词，而且还像模像样，字正腔圆。

儿童的音乐天赋是需要早点被发掘的。有的孩子对音乐特别敏感，若是碰到自己喜欢的音乐会作出强烈的反应。有音乐天赋的儿童经过后天的培养，成绩提升会非常惊人，这些孩子可能成为这方面的人才。

音乐世界里有那么多好听的歌曲，要选择适合孩子相应年龄段的来听。对于启迪音乐心智有帮助的曲子给孩子听，要选择尽量丰富的种类，让孩子受到全面的音乐熏陶。音乐种类多，也便于发掘孩子的音乐喜好，发扬孩子的音乐特长。

听力，是学好音乐的一个关键。要通过听不同风格的乐曲，引导孩子辨别不同的音乐风格，培养音乐素养。孩子能够辨别音乐，才能在演唱时抓把握音乐的风格，唱出优美的曲子，否则就容易走入误区。

音乐当然动听，若是能把音乐中蕴含的如泣如诉的故事讲述出来，相信孩子在理解了故事后，自然会提升对音乐的领悟能力。所以，对于孩子爱听的有些乐曲，要通过查阅资料弄清楚音乐背景，然后讲述给孩子听，激发孩子学习音乐的兴趣。

7.2　睡前，要听睡眠曲

　　让孩子乖乖入睡，不是件容易的事。没有故事的时候，那就听一首催眠曲吧！当悠扬舒缓的催眠曲在孩子的耳边轻轻响起，孩子会安然地进入梦乡，享受睡眠的乐趣。

　　利用睡眠曲，给孩子音乐的熏陶也是种不错的办法。此时，孩子不再玩闹，躺在床上的他能够静下心来专心地欣赏音乐，也许对于妈妈播放的歌曲，他未必能够一句句全听进心里，但是那些歌曲会像溪水一样涓涓流淌进他的记忆里，慢慢地开启他的音乐之门。有些貌似无意识记忆的东西，很多年后，在课堂上、在家里、在大街上某一个镜头会突然触及这段记忆，让孩子恍然记起这熟悉的乐曲，这熟悉的歌词。

　　作为睡眠曲的音乐，要选择舒缓好听的轻音乐，像萨克斯吹奏的《回家》《茉莉花》，像笛子独奏《追风的女儿》《美丽的神话》《烟花三月》，像亲子感人的歌曲《世上只有妈妈好》等。舒缓的音乐不会激荡起孩子的情绪，而会放松孩子的神经，让孩子慢慢进入睡眠状态。其实，即使孩子睡着了，播放的音乐也会不断冲击孩子的耳鼓，进入孩子大脑，给孩子一定的记忆。

　　璐璐是一个顽皮的孩子，让她能够静下来睡个午觉是最费劲的了。刚开始璐璐的妈妈实在没办法，每天陪着璐璐熬白天。可是偶然的一次上午运动过量后，璐璐中午睡得特别香，妈妈这才意识到璐璐也是能够午睡的。为了能够让璐璐静下来，从吃午饭开始璐璐的妈妈就尝试播放轻音乐，一顿午饭吃完了，璐璐就开始哈欠连天了，等到饭后妈妈监督璐璐刷完牙，璐璐的眼皮就开始挂不住，要睡着了。妈妈陪璐璐躺在床上慢慢哼唱着"世上只有妈妈好"，不一会儿小呼噜声响起，璐璐进入了梦乡。其实璐璐的妈妈也不怎么会唱歌。可是她发现有的歌曲璐璐听几遍很快就会了，而且唱得非常到位，跟着伴奏音唱得特别准。现在长大的璐璐已经成为学校合唱队的主唱，代表学校出去比赛也拿过很多奖项。归纳璐璐在音乐方面成功的经验，璐璐妈妈觉得给孩子听睡眠曲，应该是秘诀之一。

俗话说"有意栽花花不发，无意插柳柳成荫"，璐璐妈妈给孩子放催眠曲的做法，无意中让孩子得到音乐的启蒙，让孩子走进了神圣的音乐殿堂。如果想要你的宝贝拥有超常的音乐实力，那么也来听睡眠曲吧！

睡眠曲一般不要选择节奏快的，除此之外，可以根据孩子的音乐喜好选择适当风格的乐曲。譬如有的孩子只要有曲调就行，选择一些民族器乐演奏的曲子播放给他听；有的孩子喜欢带有歌词的，选些歌曲给他听。投其所好更容易让孩子接受来自音乐的讯息。

听睡眠曲时妈妈要"拍而鸣之"，让孩子一边听乐曲一边享受母爱。母亲的抚慰是孩子最好的享受。当妈妈轻柔的手掌拍在肩膀上，孩子的睡意会很快袭来，因为他知道他的睡眠环境是安全的，有妈妈一直陪在他身边。

音乐相对于其他领域的知识来说，是需要意境意会的。孩子单是听是听不懂的，所以当乐曲响起的时候，妈妈可以适当做引导，譬如"听风在哭泣，她在寻找她的孩子，她在呼喊'宝贝'，宝贝你去哪儿了？"若是妈妈能够这么简单点拨，孩子就会听懂音乐的内涵。

妈妈和孩子听着睡眠曲一起哼唱，很快会进入梦乡，这会带给孩子幸福的享受。你仔细观察会发现，睡着的孩子嘴角都是弯弯的，在微笑着。小声哼唱是一种模仿，也是一种回味。在哼唱中孩子学会歌词、听懂曲调，从而可以触类旁通，收获更多的音乐感悟。

7.3　在音乐的王国里徜徉

　　音乐的王国，浩繁而多彩。音乐的种类多得不可胜数，有民族音乐、通俗音乐、歌剧等各种高雅音乐。我们在给予孩子音乐熏陶时，在我们能够欣赏的范围内，选择更贴近孩子的音乐。

　　我从小是听京剧长大的，因为父亲爱听京剧，所以从小耳濡目染，我喜欢上了京剧，并了解了很多京剧的知识。我的儿子最喜欢张杰的歌，因为班里的同学喜欢听张杰的歌曲，所以他便也一直听。我跟着儿子的节奏慢慢也喜欢上了张杰的歌，最喜欢的是他的《逆战》。2013年《爸爸去哪儿》成为热播的电视节目，儿子又喜欢上了"爸爸去哪儿了"，2014年央视春节联欢晚会霍尊的《卷珠帘》又成为儿子的最爱。与孩子的音乐追求一起成长，成了我最快乐的事。你的宝贝喜欢听什么歌曲呢？或者你带他了解了多少音乐知识呢？

按照演唱风格区分的基本分类方式：
流行歌曲、美声歌曲、民族美声、民族歌曲、戏曲、纯音乐、古典音乐、民乐。
按照百度的歌曲分类方式：
流金岁月、经典老歌、影视金曲、内地流行 港台流行、日韩流行、欧美金曲、DJ舞曲、摇滚、相声曲艺、少儿歌曲、热门对唱、校园民谣、网络歌曲、轻音乐、天籁之声、劲爆等。
按照曲风进行区分：
灵魂乐摇滚乐（其下可以细分为重金属、轻金属、工业、死亡等）、民族音乐等等，曲风的分类是最复杂的，比如曾轶可当年出来的时候，某些乐评人就评论为这是一种独特的曲风。

　　以上对于音乐种类的划分未必科学，但是多多少少对我们了解音乐是有启迪的。下面请看我们其他妈妈是如何引导孩子在音乐的王国徜样的。

宋梅的儿子喜欢快节奏的乐曲，"凤凰传奇"的歌是他的最爱，没事儿子就会模仿曾毅的动作，"哟哟哟"地跳不停。既然儿子这么喜欢，宋梅坚决支持，她搜罗了大量的"凤凰传奇"的MV，让儿子不光听歌、看歌词，还看人家的表演过程。小家伙学得非常快，举手投足有板有眼，学唱得非常认真。

与宋梅相较，娟子的做法就不同。她喜欢带着儿子去浏览各大音乐网站，搜集收听最新华语歌坛流行的乐曲，和儿子一起听。有时她还打开卡拉OK，在家里和儿子一起小声地吼一把。娟子还带儿子去看儿童音乐歌剧，去大学的音乐课上蹭课听，去地铁过道里看那些街头歌手弹着吉他独唱。每到了周末、假期真正能够静下心来的时候，娟子就拿出书和儿子一起看莫扎特、贝多芬等音乐家的成长故事，给儿子讲音乐的分类，讲美声唱法、通俗唱法等区别，让孩子认识五线谱上的小蝌蚪，讲吉他、电子琴和钢琴的琴键，基本的弹奏技巧等。因为见多识广，积累的音乐常识也多，娟子的儿子在音乐方面有了很高的素养。如今身处高中的他会写歌词，会在舞台上弹着吉他独唱，是学校里的"骨灰级"人才。

不管怎么样，对于音乐的熏陶，必须从基础做起。好歌可以听，但是发准音是基础，会识乐谱是关键。能够有一个好听力和一副好嗓子就更是两大宝了。若是各种乐器都会，能够对一些音乐流派侃侃而谈，那您的孩子绝对是一个音乐人才了。

莫扎特3岁时就显示出惊人的音乐记忆力，能把所听过的乐曲片断在钢琴上准确无误地弹奏出来。他的音乐才能令父亲大为震惊。父亲决心下大气力，一定要把他培养成一名出色的音乐家。莫扎特不仅天资过人，尤其刻苦用功，经过一段时间的学习，他的钢琴技巧已有了飞快的进步。

有一次，父亲和朋友走进房间，看见4岁的莫扎特正在纸上涂鸦，弄得满手都是墨水。父亲随手取来一看，不禁大吃一惊，原来莫扎特在"写"一首"钢琴协奏曲"。父亲逗他说，这首曲子或许不能演奏。小小"作曲家"未假思索就反问父亲："哪首曲子不经修改和练习就能演奏？"

莫扎特还具有罕见的绝对音高概念。据说，7岁那年，他曾用过父亲朋友的小提琴。他对父亲的朋友说："我的小提琴比您那把琴低八分之一音。"父亲和朋友都不信，取来琴当场验证，莫扎特的话果然分毫不差。

莫扎特从6岁起，便与11岁的姐姐一道，由父亲带领周游各国举行音乐会。莫扎特不仅能熟练地演奏事先准备好的作品，在演奏技术艰深的陌生作品时也同样得心应手，就像早已经练得滚瓜烂熟。人们用绸子蒙住琴键时，他同样能准确无误地演奏技术复杂的乐曲，在场者无不赞叹。人们奔走相告，渲染夸张，音乐"神童"的名字不久便在欧洲各地家喻户晓了。

音乐，无论是弹奏的，还是演唱的，都需要一些专业的技巧。如果妈妈们具备一定的音乐基础，可以适当地指导孩子；如果没有的话，可以请专业的老师做指点，或者通过一些专业网站的视频指导。让孩子懂得基本的弹奏、演唱技巧，这对于提高孩子的音乐素养是有极大帮助的。

音乐是一个包罗万象的行当。不光需要懂得吹拉弹唱的基本技巧，还要懂得音乐分类、名家名作、风格流派、音乐典故等，这些知识都是相辅相成的。作为妈妈，您可以一方面带孩子看各种表演，了解各种风格的音乐，另外还可以带着孩子多读与音乐有关的书籍，这样可以多方面地开拓孩子的音乐视野，提升孩子的音乐素养。有一个成语叫耳濡目染，看得多，读得多了，孩子的音乐素养自然而然就提升了。

譬如练声，我们爬山的时候，常常在半山腰看到一些练声的人。还有的拉小提琴、吹萨克斯、吹笛子、吹长号等。这些有意的技巧性练习，可以增强孩子的演唱和弹奏能力，还能使得孩子在不停地练习中收获新的心得。《论语》中曾经说过"温故而知新，可以为师矣"，反复的技巧性练习，一定会让孩子自己悟出些属于自己的独特的东西。

* * * * *

7.4 教会孩子"哆来咪"

1、2、3、4、5、6、7

do、re、mi、fa、so、la、xi

梅子教儿子从基本的哆来咪开始，儿子音调找不准，梅子就用电子琴帮儿子找准音调。她还让儿子坐在电子琴前，用手指触摸琴键，按动琴键弹出"哆来咪发……"来寻找感觉。摸够了琴键，梅子弹，儿子跟着唱，"哆来咪"，"哆来咪"。儿子稚气的声音回荡在房间里，简单的"哆来咪"，让梅子和儿子陶醉在音乐的世界中。叮咚的琴音冲击着耳鼓，让儿子的发音越来越准确。

别忽视最基本的音阶，掌握好了这一点点，才会发准音。我们看那些赛歌的电视栏目，有的歌手虽然天生嗓音不好，可是发音特别准，节奏跟得特别好；有的歌手虽然先天嗓音条件不错，可是找不准音，以至于破坏了音乐整体的美感与和谐，成为演唱中的硬伤。所以学成一门技巧，一定要从最基础的东西开始，一步一个脚印，扎扎实实地打好基础，才能更快地提高。

艰难的生活，剥夺了罗西尼在童年时代接受教育的权力。1806年，在别人的资助下他进入波洛尼亚音乐学院，终于接受了正规的音乐教育。从困苦中走出来的罗西尼读书十分用功。当时，借阅乐谱非常困难，为了仔细钻研，他把海顿的清唱剧《创世纪》、莫扎特的歌剧《费加罗的婚礼》和《魔笛》全部手抄下来。他先抄出其中的歌唱部分，自己凭着想象加上管弦乐伴奏，然后和原作对照一番，最后再把原作中的管弦乐伴奏部分抄录下来仔细研究。

上面的故事告诉我们，在让孩子掌握了"哆来咪"的发音技巧后，还要勤加练习，就像上面故事中意大利著名的音乐家罗西尼，他用抄写的方式自己积累资料，努力提高自己的能力。那么孩子学音乐也需要这种能吃苦的精神，反复练习。最初孩子凭借兴趣学，当老是重复一种音乐的时候，他逐渐会厌烦，这时要引导孩子不松懈，多勤加练习，这样孩子才能打好音乐基础。

莹喜欢带着儿子去公园或山林练习"哆来咪"，因为没有人打扰，没有雾霾的干扰，可以沐浴在清新的空气中，尽情地练习。儿子唱得不准时，莹会开玩笑说："你想把狼引来吗？"儿子咯咯笑了，莹也笑了。太阳升起来，温暖的阳光照耀在树林里，儿子单调的发声惊跑了林子里的飞鸟，树林里呈现出一片寂静。

孩子的记忆力非常好，一旦最初教孩子唱"哆来咪"时发音不到位或不准确，以后再改就难了，所以孩子最初练习一定要找一个好老师，一次性指导到位，这样孩子记住了第一印象，以后就不容易犯错。

单调的发音唱来唱去，孩子自己会絮烦，也容易偷懒、走调。若是用钢琴等非常规范的乐器辅助伴奏一下，定准了音，那么孩子的练习会非常有效果。

练习"哆来咪"是有些枯燥的事情，但音乐本身是美的，所以不妨带着孩子走出户外进行练习，如公园、森林、大海边、小溪边等。这样既可以让孩子放开喉咙练习，也能享受美景的熏陶。

　　对于简单的乐谱，可以让孩子适当认识一下。当孩子能大体读懂那些由点、线、数字组成的乐谱的时候，那么一般的歌曲他自己就可以对着乐谱唱出来了，这对孩子可是一种幸福的享受。

* * * * *

7.5 一起学习"蝌蚪文"

五线谱，也就是我们通俗说的"蝌蚪文"，是目前世界上通用的记谱法。它是指在5根等距离的平行横线上，标以不同时值的音符及其他记号来记载音乐的一种方法。

五线谱最早发源于希腊，它的历史要比数字形的简谱早得多。古希腊，音乐的主要表现形式是声乐，歌词发音的高低长短是用A、B、C……等字母表示的，到了罗马时代，开始用另一种符号来表示音的高低，这种记谱法称为"纽姆记谱法"。

17世纪，四线谱又被改进为五线谱。经过300年的逐步完善，五线谱现已成为当今世界上公用的音乐记谱法。五线谱传入中国，最早见于文字记载的是1713年的《律吕正义》续编，书中记述了五线谱及音阶、唱名等。五线谱在中国逐步流传和使用，则是19世纪中叶以后随西方传教士的传教及新学的兴办而有所推广。

1.以下图示五条线，就是五线谱。它分一、二、三、四、五条线。五条线中间的空白处为间，共有四间。

第五线　第四线　第三线　第二线　第一线
第四间　第三间　第二间　第一间

←高音谱号　←低音谱号

2.放在五线谱开头、分别为低音谱号和高音谱号。

3.五线谱、简谱音阶对照示意图

4.简谱唱法与五线谱的音名唱法对照表

简谱	1	2	3	4	5	6	7
	↑	↑	↑	↑	↑	↑	↑
唱名	DO	RE	Mi	Fa	Sol	La	Si
	↓	↓	↓	↓	↓	↓	↓
音名	C	D	E	F	G	A	B

5.简谱与钢琴(电子琴)键盘位置对照图

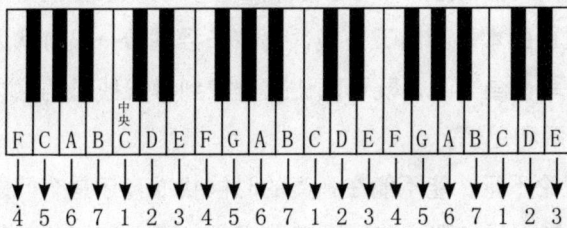

在五线谱上,音的位置愈高,音也愈高;反之,音的位置愈低,音也愈低。但到底高多少、低多少却无法确定。在五线谱上要确定音的高低,必须用谱号来标明。谱号记在五线谱的某一条线上,便使这条线具有了固定的音级名称和高度,同时也确定了其他各线上或间内的音级名称和高度。

上面我们追溯了五线谱的发展历史,通过图示简单地列举了五线谱的学习常识。孩子要想学好音乐,熟悉五线谱是最基本的要求之一。学习五线谱,需要专业人士的指导,一般人通过自学比较难于掌握,因此妈妈要想让孩子快速地把握五线谱,还是找专业人士指点一下。

　　吴霞给女儿请了一个老师学习五线谱，因为有一些难度，所以她的女儿有时候听不懂，吴霞就用录音笔认真录音。等女儿复习的时候，如果女儿记不清楚，吴霞就把录音播放一遍；女儿不理解的地方，吴霞认真听录音后给女儿讲解。在吴霞的努力下，她女儿学五线谱就比别的孩子快许多。

　　学五线谱是有一定难度的，但是一旦学会会对孩子学音乐有很多好处。孩子自己能够看明白简谱，能够独立读着曲谱弹奏新的乐曲，应该是一种非常有成就感的事情。

　　学五线谱有的孩子悟性高些，有的孩子悟性低一些，所以你的孩子如果学得慢，不要着急，一定要循序渐进，一点点教给孩子。如果心里着急，一下子教给孩子很多，孩子短时间内学不会就会厌烦。所以，要让孩子一点点学会。只有学扎实，对后面深入的学习才会有帮助。

　　找一本空白的本子画出五条线，让孩子尝试抄一段自认为有趣的"小蝌蚪"，写一写，画一画，既可以让孩子找到学五线谱的感觉，也可以帮助孩子加深理解和记忆。

　　光学了理论不行，能不能在弹奏的时候找准音还是个问题。所以学会五线谱的理论知识后，要让孩子跟着曲谱弹一弹，可以找一段简单的曲谱让孩子弹一段，考查一下其读谱是否到位。

　　若是孩子觉得基本的五线谱知识学得差不多了，那就找一个简单的曲谱让孩子独立读谱练习。如果读谱成功，弹奏的乐曲也连贯，那么表扬一下孩子，孩子已经有能力独立弹奏了。

7.6 卡拉OK跟我唱

　　为了帮助女儿学习唱歌，云紫拗不过女儿的强烈要求，特意为女儿买了一套K歌设备。到了周末，关紧窗户，云紫和女儿的卡拉OK表演大赛就开始了。经过云紫指点的女儿可真不含糊，站在麦克风前，先摆一个pose，接着响指一打"music"，云紫点击播放键，女儿放开歌喉就唱起来。"我立马千山外／听风唱着天籁／岁月已经更改／心胸依然自在……"嘹亮的歌声回荡在客厅里，云紫被女儿的唱歌热情感染，也激动地抓起了麦克风和女儿一起赛起了歌。

　　也许你的孩子没有一副好嗓子，但并不要紧。只要有唱歌的热情就行，买一套简单的K歌设备：音响、麦克风，接通卡拉OK曲目，就可以放心K歌了。

　　有音乐伴奏，还有歌词导引，孩子就可以尽情地在音乐的天地里驰骋，想唱动漫歌曲的唱动漫歌曲，想唱快节奏歌曲的唱快节奏歌曲，喜欢哼哼呀呀也行。歌传递着美，无论是荧屏上画面的美丽，还是歌词的美妙，还是节奏的明快，都可以放松孩子的身心，让孩子感受到美。

　　我的儿子正处于变声期，嗓音沙哑到很难听的地步，我让他唱歌，他死活不唱，因为感觉丢人。因为嗓音不好听，家里来了客人他也刻意不说话。为了帮助儿子走出这种心理状态，我鼓励他K歌，并且告诉他通过唱歌或许能够改变一下声音现状。他信以为真，便开始认真地练习。刚开始真是惨不忍听，后来居然越唱越顺溜，现在他的嗓音改变了不少，在和同学、朋友交往中也不再在意自己难听的嗓音了。到了周末，只要儿子在家，房子里到处飘荡着儿子的歌声和我们的笑声。

没事就唱，想唱就唱，唱歌是乐观的表示，唱歌可以抒发胸中郁闷，唱歌可以让自己找到放飞的感觉。唱歌的孩子真可爱，更何况唱歌可是一项才能哦。班级比赛、元旦晚会、各种社会性的文艺演出，当有小朋友在台上大方地放声高歌时，台下的观众可都是以羡慕的眼光望着他，所以教你的孩子尽情唱吧！

那是雪儿第一次带儿子去KTV唱歌。在练歌房里，稚气的儿子第一次拿起话筒唱"两只老虎""数鸭子"，由于儿子唱得好，屏幕上出现了一个笑脸和竖起的大拇指，接着跳出一个声音"你真棒，加油唱！"因为唱得不错，还受到了电脑的夸奖，雪儿的朋友们都起哄，雪儿也鼓励儿子继续唱。结果半个小时之内，雪儿的儿子就成了麦霸，越唱越起劲，越唱越有味道，得到的电脑的夸奖也越来越多！这次难忘的经历给了雪儿的儿子勇气，从此他爱上了唱歌。

大部分的孩子都有表现欲望，希望大人能够给自己的表现正确的评价，那么妈妈就多表扬一下孩子，鼓励一下孩子的K歌吧！

孩子正处于成长阶段，选择让孩子K歌的歌曲最初一定要曲调简单，便于其迅速练习，能够轻松演唱，接着再选择较难的，孩子唱得才能有乐趣。另外，所选的歌曲内容一定要健康，对孩子的成长有益，不要选择一些成人化的歌曲，过早给孩子灌输一些不健康的思想。

唱歌声音太大，容易扰民。所以给孩子安排K歌的房间，要相对能够封闭一些，把窗户和门关起来，让孩子能够静静地忘我地演唱。一般有机会在家里唱最好，尽量不要去练歌房，因为人员杂，声音嘈杂，反倒不利于孩子练歌。

孩子练歌的时间不要太长，而且要在休息好的前提下。一定不要在晚上练歌，因为周围的邻居都需要安静。

孩子唱得不错了，可以尝试带着孩子到一些公众场合，或者和其他爱唱歌的人交流一下，参加比赛也可以，总之给孩子的才能一个展示的机会，让他对自己的演唱更有信心。

* * * * *

7.7 孩子，唱出你的心声

人非草木，孰能无情。孩子也是有自己的喜怒哀乐，虽然常说孩子无忧无虑，那只代表孩子没有大人的烦恼，可是有的时候小小的问题也会引起孩子的心理波动，所以唱歌有时候唱的就是一种情绪，无论是旋律，还是歌曲，唱出的就是心声。

矫揉造作的歌没人喜欢听，发自内心的歌声才可以打动别人。春天来了唱春天的歌，夏天来了唱夏天的歌，爱吃草莓那就唱一下草莓之歌，爱看蝴蝶那就唱蝴蝶之歌。当把真实的心情融合在歌声里，歌才会有生命，才会有打动人的魅力。

"宝贝，我们唱唱这个小虫虫吧！"鲁曼逗弄女儿，女儿才不含糊呢，马上来了两句"黑黑的身子两头尖，满地爬着找食物。"鲁曼笑起来，"虫子也能唱！宝贝你太逗了。"女儿咕噜着大眼睛说："妈妈，唱唱虫虫多好玩啊！我喜欢这些小虫虫。"鲁曼被女儿的天真逗乐了，"好，以后经常带你出来看虫虫，唱虫虫的歌。"

孩子喜欢唱歌的时候，可以带他到大自然中去放歌。在山上、溪水边我们常常会看到喊山的人，这些地方环境宁静，空气好，孩子大声地唱没人会呵责，孩子可以尽情地唱、尽情地跳，像一个精灵扑入大自然的怀抱。

家敏的家在海边，海风海韵滋养了家敏。家敏的女儿也是一个喜欢大海的人。每天早晨，她会跟着家敏去海边，看着雪白的浪花拍击黑色的礁石，寄居蟹在岸边爬，蓝色的大海与天相接，家敏的女儿就会兴奋地唱起"小螺号，嘀嘀吹，海浪听了展翅飞／小螺号，滴滴滴吹，浪花听了笑微微……"海风伴随着家敏女儿稚嫩的歌声，飘荡在海边，很多赶海的人都认识了这个爱唱海的小姑娘。

家敏对待孩子唱歌的观点是：唱歌是一种爱好，想唱就唱，开心就好。至于嗓子如何，就不必在乎了，更何况唱得多了，嗓子就练出来了。的确如此，唱歌能够培养孩子乐观的性格。会唱歌的孩子，一般会把埋藏的心事通过歌曲唱出来。希望妈妈们的宝贝都能通过唱歌天天保持好心情。

孩子不会掩饰自己的心情，有时候听的歌、唱的歌里面都会包含孩子一定的心事，所以智慧妈妈一定要细心，要能够在歌声里听出孩子此时此时的心理，给予孩子正确的引导。让孩子敢于把心事表述出来，这样才便于妈妈们引导哦。

孩子的心灵像一张白纸，脆弱而单纯。妈妈要通过唱歌培养孩子乐观和坚强的性格，因为唱歌本身是一件很快乐的事。唯有乐观和坚强的孩子以后才能直面人生的困难，才能快乐而勇敢地成长。

有的孩子心气高，唱不好就使性子，闹脾气。还有的孩子会灰心丧气，再也不愿意唱歌了。妈妈一定要鼓励孩子唱，唱不好不要紧，只要喜欢就可以啊！

*****

7.8 培养孩子成为音乐天才

音乐天才的培养来自家人的支持和自己的努力付出。

音乐家贝多芬，1770年出生在德国波恩。在贝多芬小的时候，他的父亲对他期望非常高，希望自己的儿子成为莫扎特式的音乐神童。在贝多芬才4岁的时候，父亲便把一堆的曲谱放在贝多芬面前让他弹奏，有时候贝多芬把小手都练肿了，还是不敢休息。

贝多芬经过4年的刻苦练习，他的钢琴水平有了很大提高。他的酒徒父亲也感到满意，于是便让他在音乐院举行了一次独奏音乐会，这次演出非常成功，父亲分享到了儿子成功的喜悦。17岁的时候，贝多芬来到维也纳，他以非常崇敬的心情拜见了莫扎特。莫扎特给了他一首很难的曲子让他即兴演奏，贝多芬的演奏得到了莫扎特的肯定，他说："你们要注意这个孩子，他将来会惊动全世界的。"通过自己的刻苦努力，贝多芬终于在维也纳艺术舞台上占有了一席之地，并且经常以钢琴家的身份登台演出，而且演奏的都是自己的作品，得到了人们的肯定。

音乐天才的培养要有家庭气氛的熏染，所以智慧妈妈一定要创造适合孩子发挥天赋的机会。

音乐天才的培养来自于自己的爱好，只有具有强烈爱好的人才能够冲破重重阻力成为真正的音乐家。

提到所谓的"标题音乐"，必然会首先想到柏辽兹。柏辽兹1803年诞生在法国南部的安德烈城，父亲是医生。少年时的柏辽兹喜爱读书，更喜爱音乐。因为家居偏僻，未能受到专业音乐教育，但他会吹长笛，尤其深谙吉他。

1921年3月，父亲送他去巴黎医科学校就读，希望他也能成为一名医生。当他第一次走进解剖室时，看到还在滴血的肢体、内脏，大惊之下，他禁不住跳出窗外呕吐不止。而当他进入巴黎歌剧院时，则如鱼得水，流连忘返，尤其喜欢德国作曲家格鲁克的作品。

1824年1月他取得医学学士学位后，便下决心投身音乐事业，1826年柏辽兹考入巴黎音乐学院。上学期间，柏辽兹对音乐的酷爱之心感动了巴黎歌剧院的管理人员，他们为他在歌剧院的乐池中设了一个"优惠座位"。这个机会对柏辽兹来说太重要了，他可以仔细观察各种乐器的性能、音色和演奏方法，熟悉编配组织管弦乐的奥秘。这是他日后成为一代管弦乐编配大师的出发点。

要接受良好的教育，通过正规的教育途径，孩子才能在音乐之路上更上一层楼。

门德尔松于1809年生在德国汉堡的一个富裕的犹太家庭。他的祖父是著名的哲学家；父亲是银行家；母亲才能出众，素质极高，她会好多种欧洲语言，还是一位优秀的希腊语学者，而且她会绘画，更会弹琴唱歌。对于孩子们来说，父母亲就是他们的良师益友。

两岁时，门德尔松随家人移居柏林。从3岁时开始，和7岁的姐姐芬尼一齐随妈妈上音乐课。教学组织得很有章法：开始每次5分钟，直到孩子们能够较长时间集中注意力后，渐渐延长时间。此后很长一段时间里，母亲始终坚持指导督促孩子们学习音乐。

后来，门德尔松一家一道前往巴黎。两个孩子因此有机会受教于杰出的钢琴教师比戈夫人。在她的指导下，孩子们的技巧有了突飞猛进的发展。回到柏林后，父母把孩子们的文化教育托付给了著名作家海塞（德国首位诺贝尔文学奖获得者）的父亲，并且请作曲家、钢琴家路德维希·伯格给他们上钢琴课，作曲家、指挥家采尔特教他们作曲及通奏低音记谱法，亨宁教小提琴，罗塞尔教绘画。

音乐天才应该是一个具有民族情感的人，他的音乐是为了人民、为了国家，而不仅仅是个人的兴趣，这样他的音乐才能才会为民众所赞许。

肖邦1810年出生在波兰华沙附近。肖邦很小就开始学习钢琴，8岁举行了首次演奏会，12岁开始学习作曲，16岁考入刚成立的华沙音乐学院。少年时期的肖邦，常常居住在乡间。在农民中间的波兰民间音乐，给他留下了终生难忘的深刻印象。他非常热爱自己民族的悠久音乐传统，常常因民歌感动得热泪盈眶。后来，他曾对人说："你知道，我曾经为探索我们民族音乐的灵魂付出过多大努力。"

肖邦来到音乐学院之前，就曾师从著名作曲家埃尔斯内学习。肖邦入学时，埃尔斯内正任音乐学院院长。当时，波兰正处于沙皇俄国的统治之下，埃尔斯内不仅仅是一位音乐家，同时也是一位坚定的爱国者。肖邦深深敬佩自己的恩师，老师也非常器重自己的学生。埃尔斯内预言，肖邦一定会作为一个伟大的民族艺术家而载入波兰文化史册。

希望上面外国音乐家的故事，能够对各位智慧妈妈培养孩子的音乐才能有所启迪，也祝愿各位智慧妈妈都能把自己的宝贝培养成真正的音乐人才。

第八章

智慧妈妈的"运动"平台

俗话说，生命在于运动。由于电脑、电视、儿童书籍、玩具的吸引，孩子们更喜欢宅在家里，与这些有趣的东西为伍。而这些有趣的东西在给予孩子知识的同时，也让孩子损失了不少锻炼的时间。在这样的情况下，就需要智慧妈妈多给孩子提供"运动"的平台，让孩子有机会锻炼身体，增强体质。

8.1 培养阳光小孩

看到别人家的宝贝每天阳光灿烂，有的妈妈非常羡慕，心想：我的宝贝为什么性格这么不讨人喜欢呢？其实，孩子的性格好，一方面来自父母的遗传，另一方面也与孩子的运动多少有关系。喜欢运动的妈妈，会经常带着宝贝出门做运动。运动给了孩子活力，也让孩子释放了烦恼和压力，所以爱运动的孩子，通常性格是开朗大方的。

运动需要运动的场所。运动场所有两类：一是自然场所，户外爬山、海边游泳、乡野小径骑自行车、经典旅游等，都可以让孩子在如画的美景中放飞自己的思绪，增长见识，开阔心胸；二是人工场所，譬如广场、运动馆，可以参加健身操、羽毛球、乒乓球、武术、芭蕾舞等运动，让孩子强身健体，释放动感与活力。

运动过程中，孩子还需要与其他的大人和孩子进行交流。或许孩子羞涩内向，或许孩子"懒语"，但是运动可以把孩子的这些语言表达障碍自然地忽略掉。一起运动的兴奋感和共鸣感会拉近孩子与大人、孩子与孩子之间的距离，能够让孩子袒露心扉说心里话，这样就容易让孩子找到友谊，建立自己的朋友圈。有朋友的孩子是幸福的，因为他们的喜怒哀乐有人一起分享，所以这样的男孩和女孩给人的感觉都是非常阳光开朗的。

最近运动自行车很流行，很多家庭全家成员几乎每人配备一辆，樱子一家也是如此。樱子的周末，运动计划是满满的。这一切都围绕她可爱的小儿子。虽然只有十一岁的年纪，可是樱子的宝贝却已经长到了1.6米的身高。到了周末，上午樱子带儿子和他的一帮小兄弟到羽毛球馆打羽毛球，樱子是教练。打羽毛球是个强体力的活儿，孩子打二十分钟就累了，所以一般二十分钟换一拨，樱子的儿子可以和每个孩子对阵。有时候临近场地的陌生人也会发出邀请，樱子的儿子可以和陌生的孩子们一起打羽毛球。时间长了，大家都认识了这个胖乎乎的圆脸大眼的可爱男孩，樱子的儿子拥有了很多朋友，这个很宅的小男孩变得开朗了许多。

只有孩子喜欢，在运动时他才会认真地全身心投入去玩，才能玩得放松而自在。若是把运动变成了一项强迫运动，这样的运动对孩子的身心发展是无益的。

因为在运动中孩子会放松身心，所以往往会向妈妈敞开心扉，把想说的话说给妈妈听，这时候妈妈要多和孩子交流，了解孩子的思想发展动态，及时给予孩子指导。

告诉孩子有坏情绪要发泄出来，不要闷在心里，因为闷在心里容易生病，而运动是最好的发泄方式。在肢体的伸展中，在大汗淋淋中，在忘情的奔跑驰骋中，那些小苦恼早被孩子抛到九霄云外去了。

* * * * *

8.2 还给孩子晒太阳的权利

由于电脑、电视、动漫、书的诱惑，再加上作业的束缚，很多孩子变成了宅男宅女。每天算下来，呆在家里的时间较多，户外运动的时间很少。孩子能够安心读书学习，当然是一件好事。现在每家一般都是一个宝贝，父母视若掌上明珠，但父母工作忙，没时间二十四小时都围着孩子转。为了安全起见，也只有把孩子放在家里才感觉放心。因此，孩子户外运动时间就更少了。

有句俗话叫"万物生长靠太阳"，孩子的成长也是如此。更何况孩子如同成长中的幼苗，现在正是生长发育的最好时候。阳光不光会给孩子健康的肤色，还会让孩子在晒太阳的过程中获得补钙的机会。

若是有一点点时间，妈妈要尝试多带孩子去户外吧！在小区里散步，到公园里玩，去各个景点逛。只要有妈妈的陪伴，对于孩子来说，每一个晒太阳的机会都是幸福的。

现在各种环境污染导致雾霾天气比较多，空气质量实在差，那么就选择在天空晴朗、能见度好、蓝天白云的时刻去户外晒太阳吧！若是有机会到乡间走走，到山林的怀抱里走走，那当然更好，因为这些地方植物比较多，汽车等工具较少，空气质量还是相当不错的。

一天中不同时刻，阳光给予我们的抚慰是不同的。早晨的阳光，斜射过来，让大地雾霭升腾，那金黄的光线给万物都镀上了金色，此时带孩子出去玩，你会在吸收阳光的同时感受到一丝丝湿润。上午的阳光也不错，这时雾霭散掉，天空晴朗，光线比较强，日晒之下孩子的皮肤会变色，孩子也会微微地出汗。下午的阳光，越晚越好，由白得耀眼的光线重新变为金黄色，或者万道霞光的颜色，此时伴随着日落西山的脚步，追逐那大火球般火红的太阳也是不错的。

给孩子足够的晒太阳时间，孩子身体里的某些营养成分就会转化为钙质，让孩子蹭蹭地长，这就是农家俗话说的"见风就长"。孩子长身体最好的时间是春天，这与自然规律有关。若是妈妈能够抓住春天这段时间，让孩子多到户外运动，那么孩子长高的速度是惊人的。据说长高最好的时间是五月份，关注孩子长高的妈妈，不妨在这时候给予孩子足够的营养，让孩子长得高高的、壮壮的。

晒太阳时间长了，孩子的皮肤容易晒伤，所以要挑日光不是那么毒的时间带孩子出去玩，譬如上午的前半段和下午的后半段比较不错。要适当控制时间，一般每次不超过两个小时。

中午阳光太毒，即使时间短，表面上觉得孩子没晒伤，但是炙热的日光已经伤害了孩子的皮肤，所以一定注意避免中午暴晒。

夏天晒的时间要短些，避开强光线。春秋时节，可以晒得略长点，可以尽情在阳光下玩，不过春天要避开沙尘暴和雾霾天气。冬季当然以温暖、北风不大的时日为最好。

* * * * *

8.3 跳绳踢毽——小活动大快乐

在不错的天气里，带着孩子去院子里或公园里跳绳、踢毽子。这些运动孩子一个人玩，似乎有些单调，妈妈可以陪着玩，也可以找小朋友一起来玩，大家组成对阵的小组进行比赛。有了比的味道，孩子们的兴趣会更浓点。

一般女孩喜欢跳绳的居多，男孩当然也会玩。如果是那种两个人摇绳子的，则大人与小孩、男孩与女孩都可以玩。跳绳，让孩子在轻盈的跳跃中感受运动的活力。跳绳，可以原地跳，可以边跑边跳。在蹦蹦跳跳中，孩子获得了动感的成长乐趣。

喜欢踢毽子的女孩更多了，当然男孩也可以来玩。自己缝制的布毽子，鸡毛毽子，都可以。单腿踢，双腿交替踢，围成圈子踢，踢得神采飞扬，踢得"人仰马翻"。只要孩子脸上满是笑意，就可以尽情地踢！

燕子给女儿缝制了一个布毽子，四四方方的，里面装了大米，踢起来唰唰响，女儿高兴地说："妈妈，这个毽子好，花花绿绿，还带配音。"燕子开心地笑起来，"妈妈小时候玩的就是这种毽子，那时没有鸡毛毽子啊！"拿着毽子，女儿高兴地到院子里招呼几个邻居小伙伴一块玩。大家一起踢过来踢过去，虽然没有章法，在蓝天白云下孩子们高兴地抢着毽子，高兴地踢着，越踢越熟练。有的孩子从一条腿的后面勾着踢，还有的孩子用背接毽子，整个场面热闹而有趣。

踢毽子不用太大的场地，毽子造价也很低，而且玩法多样，所以非常受孩子们的欢迎。不过，刚开始有的孩子可能为难地说："我不会踢。"还有的孩子不爱踢是因为社交困难症，与会不会踢无关，所以要鼓励孩子尝试去踢。

很多孩子，或者懦弱胆小，或者内向羞涩，在和他人的互动运动中总是畏畏缩缩、很不大方的样子。妈妈要细心观察自己的孩子，如果是属于这样的一类人，一定要给孩子讲明白交朋友的好处、踢毽子的好处，教给孩子一定的社交技巧。让孩子能够克服心理弊端，敞开胸怀，大胆地做运动和玩游戏，与其他孩子一起互动，鼓励他做个开朗大方的孩子。

有的女孩子做事忸怩作态，其实只要妈妈鼓励得法，这样的孩子玩起来绝对是女汉子。所以当孩子不能大胆尝试的时候，作为妈妈你要鼓励她大胆去做。可能刚开始姿态不好看，鞋子踢掉了，发卡摔丢了，头发吹乱了，衣服弄脏了，但运动的乐趣就是丢掉这些束缚，获得身心的愉悦。所以鼓励孩子大胆尝试吧！

在踢毽子的过程中，孩子的小脑瓜一激灵，就会想出新的玩法。只要没有危险，那么妈妈一定要表扬其新鲜的创意，有创意才能有乐趣，有创意才能有进步。这是孩子智慧火花的闪现，你一定不要武断地泯灭哦！

* * * * *

8.4　乒乓球室大显身手

　　小小的乒乓球，是我们国人的骄傲。因为在很多世界性的比赛中，中国乒乓球运动员总是很光彩地捧回各种金奖，带回很多金牌。打乒乓球，成为我们生活周围很热门的一项运动。在校园里、俱乐部、乒乓球馆，这个小小的乒乓球给了我们无数的快乐。

　　与踢毽子相比较，打乒乓球的运动幅度更大，它锻炼了眼力、跳跃能力和反应能力，让孩子的身体更多部位可以得到锻炼。现在，由于饮食结构的变化，电脑、电视、电子书等电子产品的出现，很多孩子一坐半天甚至一天，眼睛不眨一下，一直盯下来。这样一来，什么眼睛也会熬坏，所以走在大街上或在校园里，十多岁的"小眼镜"特别多。为了让您的孩子别早早成为"小眼镜"，请带你的孩子去打乒乓球吧！

　　素素给儿子报了乒乓球俱乐部办的一个假期短训班，要求自己买球拍，素素花了200块钱买了一只适用于孩子的轻便、质量高的球拍。每天素素带着儿子去练三个小时，这三个小时中，有两个小时是和队友轮换上场切磋，有半个小时是教练一对一地教，还有半个小时是中场休息的时间。队友都是差不多大的孩子，都从零基础开始学习，所以素素的儿子也不担心谁会超过自己。因为他是个特别爱运动的孩子，而且在教练教的过程中他认真听，仔细观察其他队友的表现。时间长了，他居然成为这批队员当中最优秀的。有时候，教练打累了，会随和地招呼他："小豪，陪你师弟师妹们练一会儿。"素素的儿子就会大大方方地站起来，认真地给队友讲解和示范，俨然就是一个小教练的模样。

　　小豪的运动成长，让我们看到了打乒乓球的乐趣。怎么发球，怎么接球，怎么和对手互动起来，怎么出招打败对手，孩子的眼珠需要紧紧盯着球，不停地运转，这样可以大大缓解眼疲劳，也提高了视力，这绝对可以解决妈妈们最头疼的"小眼镜"问题。

　　孩子正处于发育阶段，要注意科学的运动方式，不能太大幅度运动，防止扭腰、扭腿等运动创伤的出现，因此，掌握科学的运动技巧就很重要。我们要时常叮嘱孩子仔细听老师的讲解，科学规范地练习，尽量避免创伤的出现。

　　孩子的精神和身体状况决定其运动状态，所以当孩子情绪不佳的时候，要弄懂孩子情绪不高的原因，先解决思想问题。若是孩子身体状况不佳，譬如牙疼、头疼、肚子疼、感冒等，也不要强迫孩子去练习乒乓球，若是我们强迫去对孩子的身体疾患恢复毫无好处。

　　打乒乓球要打好基础，因为一个轻巧的小球要控制好，靠的不是蛮力，而是技巧。所以教育孩子一开始要练好基本功，有了扎实的基本功，那么所谓技巧的提升就是芝麻开花节节高的事情了。

　　辗转腾挪，乒乓球让孩子可以在方圆小天地里面纵横驰骋。要鼓励孩子做一名勇者，勇敢地面对对手，勇敢地取胜。现在是竞争社会，能够从小做起，早早培养一种勇者无敌的风范，也是一种大收获。

*＊＊＊＊

8.5　爬山比赛，做有氧运动

　　我比较胖，发现现在小胖子特别多。作为胖子的坏处是，走路不轻盈，身形不美观，买不到漂亮、称心的衣服，还常常被瘦子笑话，关键是容易早早患上心脑血管等疾病，让自己的生命受到疾病的威胁。所以运动，尤其是有氧运动，就成了胖子们迫切需要进行的运动。

　　提到爬山，有的妈妈会想：好累呀！有的妈妈会想：会不会有危险？其实，爬山未必一定要爬远处的山，一定要爬神秘而危险的山，爬爬家乡附近的小土丘也可以啊！我们都知道上山的时候是仰起头的，仰着头可以看高处的风景；而下山时是低着头的，需要注意脚下，还要控制节奏，间或还要拽着树枝或把着岩石，否则无所依凭，有可能就会咕噜噜滚到山坡下了。这种仰头、低头，可以锻炼颈椎。孩子锻炼的时候，妈妈跟着锻炼一下，是不是可以缓解颈椎病啊？

　　山上的视野开阔，可以仰望，可以俯瞰，可以远眺，可以近处细细地端详，可以侧耳倾听，可以石上小憩。无论怎样，爬山都是很舒服的运动。因为爬山是有氧运动，有氧运动的最大好处是貌似挺累，运动量挺大，但真正爬了一座山后，其实你感觉浑身轻松，根本没有那种累得要死的感觉。

　　家乡有座大基山，大基山上树木葱郁，有庙宇，有水库，到了周末吕菲常带着儿子去爬山。山上茂密的树遮挡了阳光，所以走在林间小路山，根本不用担心被晒着。一路环山而上，路两边长满了野花，还有一些可爱的小昆虫，小松鼠不时窜出来，又惊恐地窜向另一边的树林里。半山腰有庙宇，庙宇里有穿着道士服的道士，还有人在烧香，空气中弥漫着淡淡的香火味道。再往上可以看到山顶，山顶有些光秃秃的，一块大石凸起。儿子嘴里哼起了"猴哥，猴哥，五行大山压不住你，你降妖除魔。"有趣的歌词，配合着眼前的景物，还真应景。累了，在大青石上坐会儿，听听不知名的鸟叫，那嫩嫩的声音舒服地穿过你的耳鼓，钻到你的心里，心里感觉润润的，像喝了蜂蜜水。渴了，喝口矿泉水。当然还有潺潺的石头缝隙里渗出的水，清凉清凉的。山风微微地吹，松涛声轻轻地传来，仿佛一只挠耳朵的莹莹草，让人有点乏困地想一头倒地睡觉。

看完了上面的故事，你是不是也忍不住想带着孩子去爬山呢？当然可以。孩子小，可以爬小点的山，孩子大可以爬高一点的山。爬山的乐趣多多，只有去亲自爬爬，你和孩子才能有真切的收获。

爬山涉及的是陌生区域，有各种潜在的危险，譬如迷路、遇到动物、磕磕碰碰、掉落悬崖等。为了安全起见，在爬山前要和孩子约法三章，哪些事不能做一定要交代明白，并预先告知可能出现的各种危险状态，教会孩子冷静应对。

山景虽美，但是今天的主角是孩子，所以妈妈不要自我陶醉，被美景或什么新鲜事迷住，一定要时时刻刻盯着孩子，防止孩子走失或者脑子不挂弦，突然搞出点什么危险举动来。妈妈一定谨记自己监护人的职责，把孩子管好。

爬山，远离了家和繁华的闹区，虽然惬意，但是很多小需求要备足，譬如食物、水、毛巾、卫生纸、纸巾、指南针、药品、垫子等。这些东西可以应付爬山过程中出现的一些小状况，若是没有准备，万一出了问题就容易手忙脚乱。

　　带好手机，万一出了什么问题，可以迅速联系医疗和救护人员，也可以边爬山边发个短信，告诉家人或朋友自己目前的大约位置。这样若是出了危险状况，便于在通讯不通的情况下迅速救护，否则漫山找一个人，远比我们想象的要困难得多。

* * * * *

8.6 夜幕下的广场集体操

　　每天晚上，妈妈们到马路、公园、广场散步的时候，都会发现在很多街角公园或广场上有跳集体操的人群，放着震天吼的音乐，跳着动感的舞蹈，这群人气势恢宏，动作几乎整齐划一，加上偶尔鞋子、吼声配合出的声音效果，确实看着非常有震撼力。

　　广场集体操应该是很多妈妈的最爱，可以锻炼身体，可以减肥健美，可以减少生病而延长生命，是多么有趣的事啊！而且，在夜幕之下，人们之间彼此也不会去关注你跳的动作是否优美，只要随着动感的节奏尽情释放自己。很多妈妈在跳广场集体操中体会到了运动的乐趣，带着自己的宝贝也参与到其中。摆摆手，摇摇屁股，宝贝会一板一眼地跳得非常认真。

　　与其他运动项目相比，跳广场集体操的人容易被人群热闹的氛围所感染，变得放松而投入，而且有音乐的伴奏，运动的欲望会更强，得到的享受也更多。所以，妈妈带着宝贝去跳集体操实在是不错的运动选择。如果你和宝贝不会，也不要紧。广场多的是和善的老头和老太太，他们非常有耐心，并很乐意教你有板有眼地跟着音乐跳，从十六步到三十六步等，花样繁多，乐趣无穷。

　　那天，米莉带着女儿去广场上散步，看到大家跳集体操非常热闹，米莉和女儿也跟在人群后面扭呀扭，跳呀跳。这里的集体操主要是慢舞，舞步也简单。看到米莉女儿跳舞的可爱样子，有个老太太主动过来教她们母女俩。在跳十三步的时候，米莉奇怪地发现女儿总也跟不上步伐，可是她也找不到原因，这时一个老爷爷走过来主动给米莉讲，到了一个节拍的时候，别人都跳三步上一步，你是跳两步上一步，所以老是慢半拍。原来是这样啊，按照老爷爷的指点，米莉和女儿尝试跟着节奏跳，果然很快突破了难关。这天晚上，米莉和女儿在广场上很痛快地跳了两个小时，她们和着节奏的舞步和周围的舞者一样整齐到位。

跳集体操要的就是气氛，一个人懒得跳，一群人可以开心地跳。一个人学不会，一群人可以很快学会。既然，跳集体操这么放松快乐，那么智慧妈妈们带着孩子来广场跳集体操吧！

有些妈妈可能认为，我不会跳，应该在边上先学会了，再到人堆里跳。其实不是这样的。因为很多操要四面转向，如果你和孩子在边上跳的话，碰到转身的动作时你的前后左右可能就会少了师父。所以，要想广场操学得快，必须到人堆里去学，这样四面转向之后，你的眼前总有师父在引领你。

跳广场操需要穿平底舒服的鞋子。有的妈妈不注意，穿着高跟鞋、皮鞋带着宝贝一块跳，一是不能完全放松自己，动作不到位；二是容易在跳跃中扭伤了脚踝或者腰部。所以为了避免运动伤害，妈妈和宝贝都要穿舒服的鞋子。

跳广场操都是在灯光底下，基本谁也不认识谁，别怕跳不好，也别觉得自己的动作不好看，没人注意你。你和宝贝尽情跳就是了。那么朦胧的灯光，那么富有节奏的音乐，那么热闹的气氛，你和宝贝一起尽情地跳吧！

8.7 风筝：放飞孩子的梦想

　　风筝，似乎是春天天空一抹最生动的亮色，蝴蝶、燕子、鹞鹰、蜈蚣、小鸟、比目鱼等各种造型，各种色彩的风筝飘舞在空中，让寂寞了一个冬天的天空变得生动可爱。关于放风筝，很多古诗里说得好。

村居

【清】高鼎

草长莺飞二月天，拂堤杨柳醉春烟。

儿童散学归来早，忙趁东风放纸鸢。

怀潍县

【清】郑板桥

纸花如雪满天飞，娇女秋千打回围。

五色罗裙风摆动，好像蝴蝶斗春归。

　　放风筝，是一个技术活，要有点微风，一手提着风筝逆风跑，并开始慢慢放线，待风筝在空中慢慢被风托起后，继续慢慢放线，不停地逆风小跑一下，让风筝借着风的力量在空中越飞越高，越飞越远。

　　孩子不会自己放的时候，妈妈来给孩子做示范，让孩子慢慢尝试。一回生两回熟，当孩子自己掌握了放风筝的技巧后，他对放风筝的浓厚兴趣就会迅速增长。风筝不会老实地飘在天上，它随着风不停地摇摆，妈妈要帮孩子控制好速度和方向，抓住线轴退几步，跟着跑几步，一定别让风筝脱离了控制，飞到其他地方。

仰着头，看着风筝在天空飞呀飞呀，我们都会有一种感觉，仿佛自己所有的郁闷和痛苦都被风筝带走了。天空那么蓝，让我们的心里清凉清凉的，白云那么高远，让我们羡慕天空的翱翔。妈妈，带着孩子去放风筝吧！别辜负了这大好的春光、秋光。

即使你忙，也要陪孩子去放风筝。孩子们看到那些花花绿绿的风筝，没有一个不会被诱惑的，所以满足孩子小小的愿望，给他一个放飞自己的机会，给他一段美好的记忆。当他有一天在课堂上写天空、幻想、童年趣事的时候，他会记起自己还有这么一段放风筝的幸福往事。

孩子小，选择的风筝也适当小点，毕竟放风筝是力气活，太大的风筝飞到空中需要比较大的力量控制，所以选择小一点的风筝会更好些。大一点、壮实一点的孩子可以选个大点的风筝过把瘾。

放风筝有一定潜在的危险性。譬如有的孩子玩起来不顾脚下，或者被树根、阶梯、路的边沿绊倒，或者撞在树上、广场放置的一些观赏盆景上，或者掉到水池里、路边的沟里，这些都容易给孩子造成伤害。另外，风筝的线是勒手的，孩子的小手白嫩，怎么能和大风牵扯线的力量相抗衡呢？风筝线很容易勒伤了手指，所以妈妈一定注意，帮助孩子控制好线，防止被线缠了手指，或者放线太快被线拉伤。

放风筝是个锻炼身体的活动，若是遇到雾霾或者沙尘暴的天气，那就免了吧。空气质量不好的情况下，再多的锻炼也是一种伤害，所以避免在这些恶劣的天气出门。在风和日丽、天气晴朗的日子，我们一起出去放风筝喽！

8.8 没事，常去乡野走走

乡野的淳朴和宁静一直是我的向往，当完成了手头所有忙碌的工作，把塞得满满的心装进行囊，带着孩子去乡野住一段时间，心里会变得宁静许多。乡野到处是和谐自然的景象，矮墙、菜园、草垛、漫坡的野草、整齐的菜畦，公鸡喔喔、老黄牛哞哞的叫声，大白鹅挺着胸脯，像个威风八面的绅士骄傲地在路上走着。早晨的晨霭缭绕，傍晚的夕阳漫天，乡野的一切都是这么美。

没事的时候，喜欢宅在家里的妈妈，带着孩子去乡野走走吧！在乡野孩子可以享受到诸多幸福的镜头。

镜头1，走在乡间的小路上，踩着落叶和野草，脚下软绵绵的，空气中散发着由炊烟、花香和牲畜的粪便混合出来的味道。清新的空气沁入你的心脾，湿润的感觉包裹着你，这里的空气是干净的，这里的空气是湿润的，这里的朝阳像红红的大气球。和孩子在此时此刻散步，看地平线上的日出，真是一种幸福。

镜头2，小溪边，永远是孩子最想去的地方。洗衣服的妇女大声说笑着，孩子们在水里玩游戏，水花飞溅。被溪水洗涤干净的鹅卵石和大卧牛石成为宝贝的最爱。洗手绢，挖沙，圈住小鱼儿、小虾，享受溪水轻柔地漫过脚面的感觉，都会成为孩子难忘的记忆。

镜头3，对于城里的孩子来说，乡野就是一个阿里巴巴的神秘山洞，就是一片童话世界，就是一个可以遇到神秘的野兽和怪人的地方。那些破旧、古朴的老屋上零零的枯草诉说着历史，乡野老人皱巴巴的皮肤里暗藏着历史、地方传说和战争年代的传奇故事，许多陌生的蔬菜做成的怪怪的野味，这些都会让孩子兴奋不已。

所以生活在繁华都市的人们，去乡野玩几天吧！花费也不多，住的地方也素朴，乡民们也实在淳朴，确实是个颐养人的好地方。

故事1：最近金雨在乡下老家买了一座老屋，花费不多。老屋位于向阳的山坡上，门前是潺潺的溪流，屋后是一片油菜地，一块块整齐的油菜地远看就像黄色的油彩画，让人忍不住想过去多涂抹几笔。每个周末，金雨会自己驾车带着孩子和老公到这里住上一天，浇浇菜地，拔拔野草，用柴火烧炕，美美地睡一下暖和的土炕。金雨的儿子也非常喜欢这里，他说他喜欢到童话小屋来，在孩子的眼里乡野充满了神秘的诱惑力。

故事2：为了女儿能够有个好身体，素云和乡下的农户订了一年的羊奶，而且这羊奶是素云驾车去农户家里自己取的。其实，素云更喜欢带着女儿奔驰在乡间小路的感觉。细碎的光影从树叶的缝隙里落在车玻璃上，素云懒洋洋地开着车，不忍驶出这一段被高高的白杨树遮挡住阳光的路。

一般乡野路径复杂，住户坐落得比较散。所以要去的地方要么是熟悉的故土，要么提前问明白路，打听清楚了路，要了解基本地形状况，避免迷路、反复折返，或者遇到危险的路段。

乡野人家，有的野蛮，有的则朴实，所以选择比较可靠的人家住宿或者就餐，不要随便找一个人家就住进去，防止遇人不淑，遇到什么麻烦。最好一家人集体出游，而不仅仅由妈妈带着孩子出门玩，毕竟全家人力量大嘛。

乡野有很多环保的食材，譬如野菜、蘑菇、自家种的粮食、自己喂养的动物肉等。到乡野去，不吃这些乡野的特产实在可惜，所以选择一些乡野的风味带回家吧！

8.9 带孩子享受采摘的乐趣

　　春天来到了，采摘的季节开始了，熟得最早的是草莓。如今三月份，大棚里的草莓就熟透了，还有西红柿，只是比市面上的要贵点。毕竟自由采摘，更有点像农家乐式旅游的感觉，既看了丰收的景象，还能随便摘着吃，享受绿色水果，还能挑个大的、熟透的采摘，贵点也乐意。

　　能够开放采摘的地方，一般都是绿色大棚，里面种植的都是绿色蔬菜，化肥、农药用的少，采用的是科学的灌溉和种植技术。用大棚保暖，再加上种子埋入泥土的时节早，所以熟得也比一般农田里的要早。

　　在大棚里采摘，你可以把果子放手绢上擦擦，直接放到嘴里尝一尝新鲜的味道。甜的，酸的，酸甜可口、清爽怡人的，一瞬间都在口腔里弥漫开来。这果子的香甜中似乎带了季节的味道，让你一下子忘记了生活中的烦恼，变得轻松愉悦起来。

　　采摘的时候，当然挑着个大、红透的摘。除去装进肚子中的，篮子里装的可是都要过秤的，称一称多少斤，按斤两付款也是应该的。孩子最喜欢这种采摘了，因为有种收获感在里面，毕竟那些小果子是他一颗一颗亲自摘下来的，孩子当然珍惜自己的劳动成果了。采摘给了孩子一个全新的游戏方式和玩乐环境，让孩子真切地接触到劳动的实质，体会到劳动的不易，以后他会珍惜妈妈的劳动成果，他懂得了妈妈的每一分付出都是那么不容易。

　　上个周末，艾玛带着女儿去乡下采摘。那是一个以出产西红柿而

闻名的村庄，艾玛带着女儿来到蔬菜大棚，种植大户杨先生夫妇热情地接待了她们。艾玛和女儿套上鞋套，每人拎着一个小竹篮子，开始在一垄垄西红柿里穿梭。看着女儿手舞足蹈的样子，艾玛不停地提醒女儿，要注意这是在人家地盘，别把西红柿弄坏了。看着妈妈严肃的样子，艾玛的女儿不好意思地吐吐舌头，安静地采摘起来。真是"这山望着那山高"的感觉，才摘下这一个，就发现那一个更大更红，于是又兴冲冲地奔过去摘。这样不停地奔波下来，不出一个小时，艾玛和女儿已经摘满了两大篮子。艾玛这才拍着女儿脑袋说，"宝贝，我们今天只打算要四斤的，可是看起来我们俩好像已经摘了十多斤，回去怎么保存呢？"聪明的女儿眨眨眼睛，"给外婆、大舅、你们同事，不就可以了！"艾玛高兴地竖起了大拇指，"真聪明，宝贝！"

艾玛和她女儿的故事，让我们似乎也过了一把采摘的瘾。智慧妈妈们，若是孩子喜欢，也带着你的孩子去采摘吧！

植物是很娇嫩的，它们周围的土地也不允许过分践踏，所以采摘前要听从主人的告诫，遵守采摘的基本规则。不要嬉笑打闹，防止弄折了植物或者弄倒支撑的木架，以致出现危险事故。也不要随便采摘那些没有熟透的果实，因为不好吃，丢掉了还是一种浪费。若是地里有灌溉用具或者电线、电闸之类，都要注意不要用手随便摸，要远远绕开。

采摘要有计划性，因为采摘时头脑一兴奋容易超量。而这些新鲜果子的保鲜时间很短，若不能很快吃掉，就会腐烂变质，成为一种浪费行为了。所以，要按照预定计划进行。若是采摘的量比较少，占用不了多长时间，可以在蔬菜大棚里四处转一下，看看风景也不错。

譬如手套、塑料袋或塑料筐之类，要提前预备好。比如去采摘新鲜茄子的小朋友，不要被茄子根蒂部位的刺刺伤了手。西红柿的茎上也有些毛茸茸的感觉。为了避免受到伤害，妈妈和孩子要各自准备一副棉线手套。戴手套采摘既不会弄脏手，安全系数也高。

第九章

智慧妈妈教孩子
学自立

面对心爱的宝贝，每个妈妈都有老母鸡保护小鸡的心态，希望尽自己所能为宝贝准备好一切，不让宝贝再走自己以前艰难生活的老路，让他们享受到新时代幸福的生活。的确，我们年轻的时候，妈妈就像参天大树，可以为脚底下的小树苗遮风挡雨，但当妈妈年岁渐增，而孩子长大离我们很远、我们鞭长莫及的时候，那种包办一切、代替一切的思想和行为所带来的恶果就会显现出来。请看下面两则新闻：

新闻1：放下行李，妈妈拉着张XX来到食堂"考察"，点了一个豆腐皮、鸡块、茄子……"四五个菜才花了20多块钱。这么看，以前预算的800元伙食费得下降，一个月600元足够。"听见妈妈的话，张XX把刚刚夹起的鸡肉停在了嘴边。

出发前，张XX的妈妈一遍遍地检查行李箱，最后在行李中塞上了两块抹布，"来送他上学，一是不放心，二是我们也要分享孩子进入大学的快乐。收拾行李装箱的时候，突然觉得很恐慌，孩子要去北京，我感觉焦虑大过喜悦。以前我像上了发条一样督促他学习，照顾他生活起居，他一走，把我的生活的重心也带走了，我都不知道该干什么了。"（摘自《北京晚报》）

新闻2：李XX的家人开始将车内的行李搬到楼上，寝室里散落着废弃物，李XX在寝室里跳来跳去找不到一个藏身的地方，扬起的尘土让她躲到了阳台上。妈妈放下行李，抓起一块抹布就开始擦床，李XX透过玻璃窗向外看着，不时地敲敲窗户说："那个盒子放到床底下吧。"

妈妈把一套餐具放在了抽屉里，指着抽屉告诉李XX，玻璃窗后的她点了点头。"孩子从来没有独自生活过，家里方方面面的事情都是我们帮着做。孩子最大的任务就是好好学习，买东西这类小事以后可以再学。"在她眼里，担心孩子是天经地义的事情。"孩子考上大学是骄傲的事儿，跟单位请假也底气足。再说，大人出个门都得担心，何况从来没出过远门的孩子。"她边收拾边盘算，"整理整理看还缺什么，明天再去超市给孩子

买点小东西。"（摘自《北京晚报》）

从这两则新闻，我们可以管中窥豹看到一些护犊心切妈妈的做法。孩子都已经是大学生了，成大姑娘、大小伙子了，应该让孩子学会自立了。妈妈们，你们还要代替包办一切到多久？

9.1 给孩子一双独立的翅膀

　　若是让你的孩子成为一棵柔柳，走到哪里他都柔柔弱弱，自己撑不起一方独立而坚强的天空。

　　若是让你的孩子成为一只雏鹰，将来他可以翱翔在万里高空，看最寥廓的风景，听最美的风声，可以独立地捕捉到食物，成为天空的霸主。

　　妈妈们应该都听说过鹰妈妈训练小鹰的故事吧？

　　当一只幼鹰出生后，没多久就要经受母亲残酷的训练。

　　在母鹰的帮助下，幼鹰没多久就能独自飞翔。但这只是第一步，因为这种飞翔只比爬行好一点。幼鹰需要成百上千次的训练，否则就不能获得母亲口中的食物。

　　第二步，母鹰把幼鹰带到高处或悬崖上，然后把它们摔下去，有的幼鹰因胆怯不敢张开翅膀而被母亲活活摔死，但母鹰不会因此而停止对它们的训练。母鹰深知：不经过这样的训练，孩子们就不能飞上高远的蓝天，即使能飞翔，也难以捕捉到食物从而被饿死。

　　第三步则充满着残酷和恐怖，那些被推下悬崖而能胜利飞翔的幼鹰将面临着最后的，也是最关键、最艰难的考验。它们那正成长的翅膀会被母亲残忍地折断大部分骨骼，然后再次从高处推下，有很多幼鹰就是在这时成为飞翔悲壮的祭品，但母鹰同样不会停止这"血淋淋"的训练。因为它眼中虽然有痛苦的泪水，但同时也在构筑着孩子

们生命的蓝天。有的猎人动了恻隐之心，偷偷地把一些还没来得及被母鹰折断翅膀的幼鹰带回家里喂养。但后来发现那些被喂养长大的鹰至多飞到房屋那么高便要掉下去，它那两米多长的翅膀已成为累赘。

　　原来，母鹰"残忍"地折断幼鹰翅膀中的大部分骨骼，是决定幼鹰未来能在广袤的天空中自由翱翔的关键所在。雕鹰翅膀骨骼的再生能力极强，只要在被折断后仍能忍着剧痛不停地振翅飞翔，使翅膀不断地充血，不久便能痊愈，而痊愈后翅膀则似神话中的凤凰一样死后重生，将能长得更加强健有力。如果不这样，鹰也就失去了这仅有的一个机会，它就会永远与蓝天无缘。

　　所以，狠下心来做鹰妈妈吧！放手也许很痛苦，但是智慧妈妈应该懂得自己退一步、慢一点、懒一点，腾出更多的精力去监督、激励孩子。妈妈退步越多，孩子需要独立做的事就越多。

　　在孩子学会自立的时间里，肯定会遇到很多磕磕绊绊。妈妈一定不要因为心疼而放弃自己的坚守，应该及时地鼓励孩子，让孩子看到自己的努力是有成绩的，自己做得其实不错。在妈妈的鼓励下，孩子自立的信心会大增。

　　孩子的独立要从最简单的开始，譬如能够自己洗澡，洗袜子、手绢、内衣等，然后到收拾好自己的书和玩具，收拾好自己床铺，拖地、饭后收拾碗筷、刷碗，逐步到自己独立开关煤气、做饭，最后到独立出门与社会接触等。不要突然一下子把孩子推远，否则孩子容易感到茫然、恐惧，进而对母亲的放手产生抗拒。

　　放手让孩子独立，也就意味着孩子开始要面临未知，面临一些意想不到的危险，譬如磕磕绊绊等。所以智慧妈妈在放手让孩子独立完成一些事务的过程中，也一定要严格地对孩子进行安全教育，让孩子避免所有的危险。

　　男孩和女孩在独立性上是有一定区别的，譬如男孩可能一些日常生活习惯难于养成，女孩在收拾房间、做饭洗衣等事情上可能更容易养成习惯。所以智慧妈妈在指导孩子独立的过程中，一定要根据孩子的性别做出相应的指导。另外，每个孩子的个性是不一样的，譬如有的细心、听话，有的顽皮、心粗，智慧妈妈在放手让孩子独立时一定要根据孩子的个性指导得法。

譬如洗衣服，怎么浸泡、怎么搓洗，怎么用洗衣机；譬如做饭时，怎么开关煤气，怎么烧水，怎么看火候；譬如收拾房间时，书怎么摆放，衣服怎么叠等，都需要智慧妈妈认真指导，及时指导。这样，孩子会少走弯路，很快学会独立。若指导不及时，收效就会不显著。

* * * * *

9.2　培养孩子的动手能力

有的孩子懒惰，东西放在那里乱七八糟，他也不管不问。有的孩子依赖惯了，什么规矩都不懂，凡事依靠大人。其实，所谓的自立，就是培养孩子的动手能力，这也不能动，那也不能动，孩子的好习惯就难以养成了。所以，要想培养孩子自立，首先要培养孩子的动手能力。

婧的女儿是家里的小公主，每天衣来伸手饭来张口。现在已经7岁了，早晨起床不叠被，刷牙需要婧逼着，自己房间里衣服、鞋子东丢一堆西放一只。这可怎么行？眼看女儿都快成小学生了，婧在朋友的劝说下，才下定决心培养女儿的自立能力。早晨，婧监督女儿起床，起床后先梳洗，梳洗完毕回房间叠好被子，把床单抻平，把换洗的衣服泡到卫生间的塑料脸盆里，然后洗手吃饭。吃完饭，女儿玩一会儿，婧教女儿用肥皂搓洗内衣和袜子，洗净晾到阳台的晒杆上。平时，周末休息时，婧教女儿洗碗筷、收拾房间、把书摆整齐、把衣服叠整齐放进抽屉里。刚开始，女儿是极度抗拒的，特委屈，觉得妈妈突然一下子变得冷酷，不再爱自己了。婧就耐心地告诉女儿，要自己独立，要学会长大，将来才能像小鹰一样拥有自己辽阔的天空。慢慢地，依赖性极强的女儿学会了自己独立完成上面的那些事务，小馋猫女儿还开始学习下方便面、煎蛋、做酸奶等。看到女儿在家里越来越独立，最近婧尝试让女儿走出家门，独立去楼下的超市买油盐酱醋，不知道婧的女儿能否轻松地完成。

婧用自己的耐心和毅力陪女儿走在自立的路上。当能够独立做一些事务时，孩子的心理其实远非妈妈们所担心的，他们会很开心。因为尝试动手独立做一些事务，确实有探索的神秘感、兴奋感以及成就感，这些会激励孩子开心地越做越好。

俗话说"万事开头难"，引导孩子学会自立，最难的阶段在开始。因为刚开始做不好，会让没有耐心的小孩子感到烦，此时此刻，智慧妈妈的激励作用很重要。"宝贝，做得真棒！""宝贝，加油！"用这样的话语夸一夸孩子，就会让孩子找到坚持下去的力量和信心。

培养孩子的动手能力，要从日常的衣食住行抓起。我们可以预先制定一个计划表，从早晨睁开眼开始，一步一个计划地落实清楚。孩子身上的惰性比妈妈的耐心要顽强得多，只要妈妈一时放松，孩子的各种惰性就要冒头。所以妈妈们一定要按部就班，不能有一丝一毫的放松，时长日久，孩子习以为常就会做得非常好。

有的妈妈操之过急，一心想着让孩子早点独立，所以有时候碰到孩子做得不到位的地方，就会生气地大声呵斥孩子。孩子受了批评，心情会非常差，做事就容易有抗拒情绪。本来培养孩子独立是一件很愉快的事，结果搞得母子都心情郁闷。所以，妈妈一定不要操之过急，而应该顺势引导，变强迫为好玩。每天看到孩子的付出与进步，多鼓励孩子，适当给孩子点物质小奖励，譬如买本童话书之类，孩子就会越做越高兴。

* * * * *

9.3　教会孩子勇敢的精神

古兵法云："两军相遇，勇者胜"。孩子终将慢慢长大，脱离母亲的庇佑，走向社会，面对风雨的吹打，此时教会孩子勇敢的精神，是妈妈们的重任。因为一个不勇敢的孩子，将会在面临风雨和抉择时成为懦夫，成为失败者，而这是人生的大忌。

勇敢的孩子该像狮子，在面临对手时，瞪大眼睛，乍起毛发，冷静地注视对手，从心理上压倒对手，从气势上压垮对手，能够用坚强的身躯抗击顽敌，勇往直前。

勇敢的孩子该像苍鹰，不怕摔打，拥有犀利的眼神，能够明察秋毫，能够在万里高空看到荒野上奔跑的野兔子，能够独立捕捉肥实的猎物，能够拥有蓝天白云的陪伴，成为苍穹之中一道靓丽的风景线。

无论男孩还是女孩，在成长过程中接触最多的是妈妈。虽然妈妈们文淑贤良，但是终究少了些锋芒与锐气，在面临问题时难免懦弱。这些都会或多或少地影响到孩子。如果妈妈们再不注意培养孩子的勇敢精神的话，那么孩子将来走向社会，在为人处事上懦弱的一面就会显露出来。当今是竞争时代，要想生存与做得出色，必须要敢于竞争，要想在竞争中胜出，就要敢于直面对手、敢于拼搏，而这一切都需要勇敢精神的支撑。

马丽的儿子像个胆小鬼，白天不敢呆在家里，做家务的时候怕水、怕电、怕煤气，至今不敢独自到楼下的花园里去玩，夜晚要开灯睡。晚上走楼梯，常常会因为一点点动静都大叫、惊跳起来。马丽哀叹儿子就像一只胆小的金丝雀，经受不住一点点风吹草动。这可怎么办好？马丽和丈夫不可能老是在家里陪着儿子，更不可能老是把这个小家伙带在身边。而周围的同龄孩子，有的结伴坐公交到市中心逛街，有的结伴骑着自行车去公园玩，还有的若是碰到爸爸妈妈都值班的情况，能够独自一人在家里，关好门窗，安静地学习。

为此，马丽决定狠下心培养儿子的勇敢精神。她先是一点点夸儿子胆子大，像头大狮子，能够勇敢地做好一些小事。她还在儿子玩玩具或看电视很专心的情况下，偷偷离开一小会儿，等儿子发觉感觉委屈时，她夸儿子独立性强，是个勇敢的孩子。她还和丈夫夜晚带着儿子到花园里散步，边散步边故意讲使孩子变勇敢的故事。另外，马丽还买了很多勇敢的小英雄的故事给孩子看。当她发觉儿子喜欢看侦探小说和探险小说后，借此抓住契机买了大量此类的书籍给儿子看，让儿子的小脑袋里不再无端对陌生世界想象出一些恐惧的场景。在马丽的努力下，经过半年多的时间，马丽的儿子胆子变得大多了，已经能够独立地和同学到书店买书，周末独自在家里写作业了。

孩子的不勇敢，有的因为性格懦弱，有的因为天性胆小。不管怎么样，一个不勇敢的孩子是不能适应社会形势的。作为智慧妈妈，我们应该培养我们的孩子成为勇敢的小鹰，让他们能够不畏风雨战胜困难，成为社会大潮中的弄潮儿。

孩子的胆小，源自对社会百态的不了解。一般胆小的孩子都比较宅，反过来宅又让孩子更闭塞、更胆小。对此，智慧妈妈要多带孩子到户外走走，去购物、坐车、赶集、旅游，让孩子见识到社会百态，他才不会对陌生世界有无端的恐惧，才能正确看待一些社会现象，能够独立而淡定地做好一些事务。

一个强壮的孩子，本身就是强者，所以能够勇敢面对一切。作为智慧妈妈，有机会多带孩子参加体育运动，譬如打篮球、打羽毛球、跳绳、爬

山、晨练，或用小区的健身器材强身健体。一个身体强壮的孩子，自然不会害怕陌生的一切，因为他的力量足以战胜那些对手。

很多胆小的孩子是被妈妈骂出来的，是被妈妈们吓出来的。有的妈妈对孩子做的任何事都不放心，对孩子经常呵斥。有的妈妈动辄吓唬孩子，今天说大野狼来了，明天说要把孩子送给收废品的，孩子生生被吓得胆小了。所以对于孩子做的任何事，只要没有太大的危险性，一定要多鼓励。少点批评或不批评孩子，只有这样才能培养出勇敢的孩子。

孩子在没有学会勇敢前，其实都对自己并不是特别有信心。智慧妈妈应该有意识地给孩子创造一次做小英雄的机会，譬如让孩子独立地买一次酱油、醋，妈妈不放心可以在后面跟着远远地关注，孩子能够独立完成，妈妈要大加表扬；譬如妈妈病了，可以让孩子到楼下去独立买药等。有意识的培养，会让孩子早日具有勇敢的性格。

＊　＊　＊　＊　＊

9.4　不要和陌生人说话

　　孩子走向户外，必然要接触陌生的面孔。几年前，一部《不要和陌生人说话》的电视剧，让家长们记住了这句话。这句话本身是有偏颇的，并不是所有陌生人都代表了危险。但是孩子走出家门，不要和陌生人说话，却是必须要叮嘱的，因为危险的陌生人也是属于陌生人的行列。

　　那天，小天趁妈妈不在意，偷偷从家里溜出来到小区的花园里玩，这时一个陌生的大哥哥靠过来，黄色的头发，身穿着花里胡哨的衣服。虽然小天不太喜欢这位大哥哥，可是当大哥哥和他说话时，他还是和这位大哥哥说话了。这位大哥哥问东问西，问得小天有些烦了。当这位大哥哥发现周围没有一个人时，突然冲过来捂住小天的嘴巴，翻遍了小天所有的衣兜，从里面找到了二十元钱，然后放开小天撒腿跑得没影了，小天吓得大哭起来。这时闻声过来的妈妈发现了小天，看到小天委屈的样子，赶紧问明情况，妈妈到门卫那里打听这个抢劫的男孩，却没有任何消息。后来，在这个小区里，这个男孩再也没有出现过。

　　小天的经历让我们看到了危险陌生人对孩子的威胁。现在一般一家只有一个宝贝，这个宝贝是智慧妈妈唯一的希望。所以"不要和陌生人说话"，其实就是教育孩子外界有很多危险，要保持对陌生人最起码的警惕

心理。上面故事中的小天，如果发现那个陌生的男孩接近时赶紧离开，走向人多的地方或者赶紧回家，这都可以保证自己的人身和财物安全。

有的陌生人看到孩子问这问那，东张西望，一副鬼头鬼脑、心虚的样子。而且其问话没有一个中心，一般打听家里有什么人，住在哪里，套孩子的口风，看家里有没有钱等。碰到这样的人，让孩子赶紧躲开。

有的陌生人和孩子初次见面，就热情得很，一会儿说要送孩子回家，一会儿说要陪孩子玩，一会儿说家里也有个这么大的孩子等。碰到这样的陌生人赶紧跑开，去找大人。碰到问路的陌生人也不要紧，一切让大人来解决。

当孩子走开时，有的陌生人会紧紧跟随，纠缠不放。这种情况下，一般可以断定对方不是好人，碰到这样的人应告诫孩子赶紧躲开，去找大人，或大声喊叫引起路人注意，或找警察叔叔。前提是保证自己的人身安全。

有的孩子贪吃贪玩，碰到陌生人用好吃好玩的东西一骗，马上就上钩。所以，智慧妈妈要教育孩子，不要随便接受陌生人的食物、玩具，碰到热情地用小恩小惠套近乎的陌生人，一定赶紧跑开，找家人或者到人多的地方。这样的陌生人一般危险系数也很大。

有的陌生人可能从某种途径提前获知了孩子的信息，凑到孩子跟前，假托是某某的亲戚，与孩子拉近距离，放松孩子的警惕心理。还有的陌生人找一个孩子某亲人生病、出车祸住院等借口骗走孩子。所以，智慧妈妈要告诫孩子，与家人有关的消息只相信爸爸妈妈的话，其他陌生人的话不要随便相信。

我有个同学上学的时候，一次坐火车回家，遇到一个热情的乘客，对方热情地问东问西，这个同学思想非常单纯，把家庭情况全告诉给了对方。结果等她辗转坐车回到家才知道，家里刚刚被骗走了一吨化肥。对方打着我这个同学朋友的旗号，骗取了我同学家人的信任，家人在骗子的花言巧语迷惑下，让对方先拉走了一吨化肥。结果化肥一去不复返，家里损失不小。

陌生人是孩子接触社会的未知数，碰到陌生人要让孩子提高警惕，提高辨识力，这样才能不把好人错认为坏人，不放过一个坏人，不上当受骗。

关于该如何让孩子走出家门与陌生人接触，智慧妈妈们可以参考以下几点，提高孩子的应变能力。

1. 适当看些与儿童有关的案例

现在电视、网络上讲述与儿童有关的案件栏目挺多，选择内容健康、指导价值强的栏目和孩子一起看，引领孩子了解这些案件的实质，了解罪犯犯罪常用的手段，积累经验，提高警惕。

2. 整一本防上当受骗小手册看

一些专业人士把防上当受骗方法技巧整理成了小册子，智慧妈妈可以买本书和孩子一起看，给孩子略作点拨，加深孩子对骗子、骗术、防骗技巧的印象，便于遇到骗子巧妙应付。

3. 陪伴孩子现身说法查漏补缺

我曾经带着孩子去外地，我在他身上放了五百多元，在所住宾馆的楼下超市买东西时，孩子大大咧咧地掏出一大把钱，从中翻出二十元付了买面包的钱，当时超市服务员惊诧地盯着儿子，宾馆服务员的眼神让我心里一惊。回到宾馆赶紧教训儿子，人生地不熟的，出门在外要在该用零钱时掏零钱，该用大面额的钞票时掏大票，一定不要过于"炫富"。这对于一个孩子来说很危险。建议智慧妈妈们有机会多陪孩子接触社会，增长人生经验。

* * * * *

9.5 妈妈不在家怎么学

　　智慧妈妈不是生活在真空中，都有自己的工作，还要为了家务事四处奔走，所以妈妈不可能总是守在宝贝身边。当妈妈不在家的时候，宝贝该怎么学呢？

　　案例1：妈妈出门时，给菲菲布置了作业。作业的内容，妈妈在便利贴写好贴在菲菲的书桌上。内容有：半个小时，听英语录音，唱英语儿歌；字帖上练字，五行，用钢笔；背唐诗一首，要背流利。在便利贴上，妈妈规定这一切完成的时间在一个小时内。妈妈要求得严格，菲菲也是听妈妈话的好孩子。所以，即使妈妈出门，菲菲也一定会按照妈妈的要求认真完成。

　　案例2：依依的女儿可是个不听话的孩子，依依出门，她的宝贝会怎么学呢？对此，依依也有一套。她通常出门的时间很短，譬如只有半个小时，在这半个小时内她会给女儿布置9分钟的学习内容。当在大街上逛时，依依会搞突然袭击，回家看女儿在规定时间内是不是在按照要求做。如果女儿没有认真完成，就增加10分钟的家务劳动时间或学习时间。当她的女儿发觉不按照妈妈的规定完成，就会增加任务，得不偿失。她学会了听妈妈的话，开始认真完成妈妈预先布置的作业。

　　案例3：巴利喜欢电话查岗。巴利给儿子准备了智能手机，当巴利出门买东西时，她会要求儿子每半个小时，把已经完成的手写作业，拍照发给她。而口头作业，则要求儿子录音发送给她。这种便捷的监督方式，使得巴利的儿子一点也不敢放松，所以巴利不在家，她的儿子也丝毫不敢放松，一定会认真完成作业。

这三个案例，让我们见识了智慧妈妈们管理孩子的妙招。这些妙招，妈妈们可以借用哦！

要想让孩子脱离了妈妈的监督独立学习，确实有些难，因为自控能力是孩子身上最难培养的。很多学生上学之后都不能很好地控制自己散漫的行为，更何况是小孩子呢？所以，让孩子独立在家学习，一定要注重平时培养这种好习惯，不要指望孩子一下子就能听话，要有耐心的斗争精神。

对于培养儿子独立学习的能力，春玉有自己的方法，她喜欢用激励法。春玉给予儿子足够的信任，她每次出门都语重心长地对儿子说："妈妈相信你，一定会做得很棒。"儿子偶尔偷懒，春玉其实心里清楚，但是她会抓住儿子本次做得好的地方大加表扬。在妈妈的表扬下，儿子越来越能自律了。当儿子表现越来越好时，春玉会许诺儿子周末出门郊游、买玩具、买书，这些都是儿子最喜欢的。投其所好的许诺，让春玉的儿子更加懂得自我约束。现在即使春玉出门半天，儿子也会很好地安排自己的学习生活。

由上面的故事看，培养孩子的自制能力，智慧妈妈们可谓大显其能、各有千秋。你会采用什么的方式让宝贝在家里独立学习呢？

给孩子布置独立完成的作业，一定要内容明确、时间明确，不能给孩子模糊的内容和时间段，那样孩子会偷懒。

最初在孩子的独立性和自律性没有养成前，智慧妈妈要想办法通过手机、视频等适当抽查孩子在家里做作业的进展情况，或者让孩子自觉地及时汇报。这样时间长了，孩子也会养成自律的好习惯。

妈妈们不要太过相信孩子的自律性，出门的时间别太长。一旦发现孩子不能遵守约定及时完成任务时，一定要鼓励多于批评，千万不要不问青红皂白，就劈头盖脸一顿猛训。一定要问明延误的理由，给予孩子的表现以正确的评价。

布置给孩子独立完成的作业量不要太多，背诵的、默写的、计算的及家务劳动等一定要合理搭配。不要一次布置单一的作业并且时间很长，让孩子因为厌烦而放弃。也不要布置的作业太多，累得让孩子打退堂鼓，一定要精简、短小，让孩子可以短时间内轻松完成，这样他才能信心百倍、兴趣盎然地做好智慧妈妈布置的所有任务哦！

* * * * *

9.6 孩子会整理书包吗

孩子，春天来了，夏天就要到了，你准备好上学了吗？背起装有彩版书的双肩包，被妈妈载着行驶在林荫小路上，在蔚蓝的天宇下愉快地向学校走去，是多么幸福的事。可是，学校里要发好多书，还要有笔袋、练习本，你再私藏点小玩具什么的，这么多的东西要装进书包里，孩子会整理好书包吗？

我儿子的书包，最初的时候乱极了，那些书横七竖八地放着，那些本子卷了边、折了页，揉得皱巴巴的。彩笔乱丢在书包里，笔尖上渗出的色彩弄脏了书包，书包上污渍斑斑，连衣服上也沾染了色彩，星星点点，花花绿绿。这可是花费不菲的一套衣服啊！为了帮助儿子改掉这没规矩的习惯，我一点点教儿子，怎么把书按大小、厚薄摆放整齐；怎么把彩笔的盖子盖好，放进笔筒里；怎么把本子横着放才能不折边，还有那些铅笔放在哪里，小玩具放在哪里。小孩子特别容易调教，每天教一点监督一下，，很快儿子就能把书包里的所有的东西整理得整整齐齐。现在我每次看到儿子的书包都觉得很欣慰，因为里面的书摆放整齐，书包的外观干干净净，简直就像一个女孩子的书包。

整理书包，在有些妈妈的眼里貌似不是问题，但是好习惯的养成就在

这些小细节里。若是妈妈们现在不注意教会孩子如何整理书包，等到孩子上初中、高中时把书包、书桌、书房弄得乱糟糟，那时候就是一件非常头痛的事了。所以纠正孩子散漫的坏习惯应该从整理书包做起。

对于青来说，儿子的书包永远像一个大垃圾箱，里面碎纸屑、铅笔头、橡皮渣，还有零食和包装袋，塞得满满的。青问儿子为什么书包这么脏，儿子委屈地说："老师不让随地乱丢垃圾。"青说："那就把垃圾丢到垃圾袋里呀！"儿子委屈地说："你好几天没给我准备垃圾袋了。"青意识到儿子在耍赖皮，"那你可以先放到小朋友的垃圾袋里呀！"儿子哑口无言。青想儿子有些懒惰，那就每天多给他准备几只垃圾袋吧。可是接下来的几天，儿子的书包还是脏、乱、差。青终于意识到这一个很严重的习惯问题。于是青耐心地告诉儿子，"一个不讲卫生、不能把自己的书包整理得整整齐齐的小朋友，是不会受老师和同学们欢迎的。大家都喜欢讲卫生、爱整洁的孩子，你会做这样的孩子吗？"儿子听了似懂非懂地点点头。后来在青的监督下，儿子脏乱差的毛病逐渐改掉了。现在青给儿子买了一个档次很高的书包，儿子把这个书包看作宝贝，每天都小心翼翼地爱护着。

看到这里，智慧妈妈们该意识到整理书包的重要性了吧？那就赶快指导你的宝贝提前学会整理书包吧！

提前预演，可以有备无患，让孩子早点养成好习惯。散漫、脏乱差是很多孩子尤其是男孩子身上的小毛病，也是顽固的毛病。所以需要提前预防，否则等到上学的时候再治理，就不容易改掉了。

课堂是怎样的，书包是怎样的，孩子其实并没有直观的印象。若是能够把孩子带到课堂上，听听老师讲课，看看同学们的桌洞、书包摆放的规矩，那么孩子就会意识到自己的差距，自觉地把散漫等坏毛病改掉。

整洁观念不是一天养成的，需要坚持不懈地培养。所以智慧妈妈紧抓这一点，应该每天给孩子强调整洁观念养成对他将来交友、成长的重要性，通过每天的渗透让整洁观念在孩子的脑海里深深地扎根。

　　智慧妈妈是不是一个爱整洁的人呢？孩子是不是沾染了大人的某些坏习惯呢？在培养孩子之前，智慧妈妈可一定要检讨自己哦。妈妈的表率作用，可是非常重要的。所以智慧妈妈自己把包、房间和个人形象收拾得规规矩矩，那么孩子耳濡目染，也一定会成为一个爱整洁的好孩子。

＊　＊　＊　＊　＊

9.7　哪些实践活动孩子可以参加

　　孩子不是一棵静止的小草，他会到处乱跑。孩子就像空白的一张纸，你让他参加多少活动，他就能接收多少，学会多少。在春日里放风筝，在秋日里摘柿子，在冬天里堆雪人……所有让孩子参与的活动，都会让孩子有所收获，进而积累经验、增长能力。

　　你的孩子卖过报纸吗？就像小报童，把那些本地的日报、晚报卖给路人，收取微薄的报酬，体会辛苦的人生。卖报纸是辛苦的，需要看准行人的心思，需要用嘴皮子劝说路人买报纸，需要孩子大大方方并敢于直面陌生人。你让孩子参加过吗？有的智慧妈妈说，孩子太小。是的，孩子小，他可以在智慧妈妈的带领下做呀。不过，前提是保证别让孩子走丢，挣钱、体验人生是副业。

　　你带孩子参加过志愿者吗？譬如在公园垃圾箱里捡被丢弃的饮料瓶卖给收购站，譬如清理街头小广告，譬如清扫街道。孩子也许做不了很多活，但是动一动手，就会体会百味人生。让孩子适当参加一些力所能及的活动，可以提高他们的思想境界，也增加他们的人生阅历。

　　你带着孩子去小菜园里翻过土，撒过种子，浇过水，给花儿授过粉，给叶子捉过虫子吗？大太阳在头顶照着，额头冒汗。虽然还有些热，孩子会慢慢适应的。不过不要让他晒太长时间，毕竟肌肤嫩，晒久了容易脱皮，容易晕乎。我们可以适当地让孩子循序渐进地做这些农活，尽量激发他的兴趣，那么孩子既能锻炼身体，也能体验劳动的乐趣。

春天植树节来临的时候，带着孩子到户外，在那些荒芜的山头或在干涸的小溪边种下一棵小树苗，种下一点春天的希望，就可以收获丰硕的秋果。想想一边栽种小树苗，一边享受创造的快乐，该是多么幸福的事啊！智慧妈妈可以借机告诉孩子，植树种草好处多，它可以让荒芜变绿地，可以让荒漠止步，可以让大地拥有足够的水分和雨量等。更重要的是孩子可以享受到劳动的神圣感。

可以供孩子参与的实践活动还有很多很多，快带你的孩子来参加吧！

林琳的宝贝儿子是一个从小就很叛逆的孩子，他不爱惜钱，喜欢乱要玩具和衣服，愿望达不到就使性子，是一个十足的"小坏蛋"。为此林琳伤透了脑筋。这天林琳和志愿者们去乡下看望一个残疾的孩子，林琳狠狠心把叛逆的儿子也带上了。到了残疾孩子的家，看着为了给孩子治病陈设简陋的房子，看着残疾孩子畸形的双腿和泪汪汪的双眼，林琳的儿子瞪大了眼睛，应该是眼前的状况出乎他的意料，他被吓到了。把救助的捐款和两袋大米、十斤油放下，林琳带着有些惊慌的儿子出了院落。在车子上，儿子一路一言不发，小眼睛眨巴眨巴的吓坏了林琳。可是回到家，儿子突然搂住了林琳，把头埋在林琳的怀里，"妈妈，那个小哥哥真可怜，我以后不乱花钱了，省下钱给那个大哥哥治病吧！"简单的几句懂事的话，让林琳的眼泪唰地流下来。后来，林琳的儿子真的改掉了乱花钱的坏毛病，而林琳也遵照儿子的请求把那些节省下来的钱捐献给了那个残疾孩子。

看到这个故事，有些妈妈可能想到了《变形计》栏目。是的，很多具有实践性的活动，确实可以让一些孩子受到心灵的震撼和感召，从而警醒并奋发有为。所以，让小孩子适当参加点实践活动，并不是一件坏事情哦！

社会实践活动，对于一个孩子来说，多多少少还是有一定危险性的，譬如崴脚、跌落、擦伤、被陌生人带走、走散等问题都有可能发生。所

以，带孩子参加实践活动不要紧，智慧妈妈要提前预设好可能出现的疏漏，防患于未然，把问题消灭在萌芽中，保证孩子的人身安全。

不能别人劳动，孩子自己在旁边玩。参加实践活动，也要给孩子布置简单的任务，要让孩子感觉到自己是队伍中的一员，而不要给予其特权，让他觉得无所谓，认为"我就是来玩的"。通过监督孩子完成份内的任务，可以提高活动目标的达成度，可以让孩子真切地享受到奉献的快乐。

孩子参加实践活动，很多时候要身处群体中，和周围的那些叔叔阿姨、哥哥姐姐打交道。孩子会讲礼貌，说得体的话，把自己要表述的意思能表达明白吗？如果孩子比较腼腆，或者粗言粗语，不会与人沟通，那么妈妈就要指导孩子如何与长辈、同龄人交流，如何协调劳动、协同作战。只有搞好社交指导，孩子才能在群体中如鱼得水，把大事小事都做好。

* * * * *

9.8 养小动物，培养孩子的爱心

养小动物吧，若嫌小狗、小猫、兔子脏，那就买小鸟，或者蝈蝈、蛐蛐。这些动物，或聪明可爱，或灵动有趣，可以吸引孩子的注意力，也可以培养孩子的爱心。因为在孩子的眼里，这些都是被无限放大的具有可交流功能的大朋友。一旦拥有，孩子会想怎么给这些小动物喂食、打扫卫生，怎么陪孤单寂寞的它们玩，孩子会无形中给自己增加一种责任。

在这些动物身上有一些可爱的闪光点，譬如狗的忠诚，猫爱捉老鼠，小兔子是素食动物，蛐蛐的叫声很好听等。在与这些小动物交流的过程中，孩子会领悟到一些人生的真谛，譬如对朋友要忠诚，做人要善良等。

现在，狗是很多人家养的比较多的宠物。城里的狗是家庭里的玩伴，带来很多乐趣，而乡下的，狗是乡民家里看门的警卫。你看长毛的松狮狗、黑黑的带着野性的藏獒、小可爱的吉娃娃、丑陋的沙皮狗、贵气的斑点狗、威武的大狼狗等，它们各有特色，都是让人喜爱的家伙。孩子似乎有着喜爱动物的天性，看到这些可爱的小动物，他们就会凑过去，和这些动物自然地玩成一团。

作为智慧妈妈，你利用孩子喜欢小动物的天性，教会宝贝怎么给狗喂食，怎么到卫生间大小便，不随便在沙发上睡觉，不随便叼拖鞋、藏东西、偷吃等。当掌握了这些基本的管理程序，孩子会每天监督小狗，训导它自觉地完成任务。

很多孩子生性善良，但也有些孩子似乎对虐待动物毫不在意。在养小动物的过程中，妈妈要让孩子知道这也是一条小生命，它是给我们带来

乐趣，也是我们的朋友，要关心爱护这只小动物，就像关心一个人那样。唯有这样引导，孩子才会建立起更强的爱心。而有爱心的孩子，会关心他人，会疼爱、孝顺父母，可以交往到许多朋友。相反，一个冷酷无情的人是不会受周围人喜欢的。

丽丽的女儿是个非常有爱心的孩子。前几天，她在街上拐角处看到了一只流浪狗，狗身上很脏，还瞎了一只眼，看着小狗眼上的血迹，女儿催促丽丽把小狗抱到宠物医院去治病。丽丽非常为难，可是看着女儿期盼的眼神，她终于放下了不卫生的顾虑，把这只小狗用购物袋提着，送到了宠物医院。丽丽本想放下五十元钱带着女儿偷偷地走，可是女儿发现了丽丽的意图，眼泪汪汪的，丽丽心软了，她决心顺从女儿的意愿救治这只小狗。于是她们在宠物医院等了一个多小时，待医生为小狗洗完澡，清理、包扎好了伤口，最后才带着小狗回到了家。为了富有爱心的女儿，丽丽决定好好养活这只可怜的小狗。

一个有爱心的孩子，也可以引导出一个有爱心的妈妈。若您是智慧妈妈，请让您的孩子成为一个有爱心的人吧！

小动物，通常不太讲卫生，随地大小便，毛发到处飘。若是不能及时给它洗澡，清理睡觉的地方，引导其正确选择大小便的地方，那么不光是脏的问题，而且会危害孩子的身体健康，因为这些小动物身上容易携带致病菌和寄生虫，让孩子感染上某些疾病。所以，养小动物无可厚非，但一定要讲究卫生。

要研究这些小动物的生活习性，根据其生活习性制定科学的喂养规则，不能让孩子任意随性地喂食。科学的方法可以让小动物得到安全的喂养，也可以让孩子学到一定的科学饲养知识。

要教育孩子不光喜欢家里的这只小宠物，对待街上那些可怜的人儿，譬如老人、病残者、乞丐等，也一定要发挥爱心，能帮一把就帮一把。一定不能只爱自己家的小动物，却漠视他人的生命。

第十章

智慧妈妈学无止境

做一个智慧妈妈，容易，也不容易。因为时代在变化，知识和环境在不停地更新，孩子在渐渐长大，作为一个妈妈，你还仅仅停留在让孩子吃饱穿暖、感受到你浓浓母爱的意识层面上，那么你可就落后了。一个智慧妈妈，要与时俱进，要有学无止境的心态，抱着一颗包容万物的宽广的心，去努力地学习一切，武装自己。让自己成为一个可以在任何时间任何地点都可以给予孩子惊喜的妈妈，才是个真正有能量的智慧妈妈。

你想成为这样的妈妈吗？那么，晒出你的梦想，学习一点运用电脑的技巧，懂一些外语知识，学点美学常识，多读些能开阔眼界、提升个人素养的好书，在工作中超常发挥工作能力，经常听孩子倾诉心声，经常与孩子的老师联系沟通。你一定会成为孩子心目中最具时代魅力的智慧妈妈！

10.1　做实现梦想的上进妈妈

梦想，是我们人生的目标，是我们一生奋斗的动力。有梦想的人生才精彩，有梦想的努力才不觉得累。很多人得过且过，很多人一辈子庸庸碌碌，只是因为他们没有梦想。

有的妈妈说，孩子还小，梦想还很遥远。其实与那些从小没有什么想法的孩子相比较，那些早早拥有梦想的孩子将来更容易成才。所以作为智慧妈妈，请用你的梦想为孩子点燃梦想吧！

有的妈妈说，我的梦想会对孩子有那么大的影响力吗？回答是，当然的。有梦想的妈妈，整个人生活的状态都是积极向上的。因为她为了追逐梦想的努力就在她身上体现着，她目光坚定，话语中充满了正能量，而且这样的妈妈绝对是看不得别人庸庸碌碌、得过且过的，她的话语中会经常激励周围人去为梦想而努力。在这样的妈妈的教育引导下，孩子从小就有明确的人生目标，知道自己该靠踏踏实实的努力和汗水去创造美如画的人生。

小锦是一个喜欢追梦的妈妈。虽然有自己的教师职业，可是她还非常喜欢写作，当别的妈妈把时间消费在逛商场、化妆、喝茶、泡网时，她把精力用在了读书和写作上。小锦写作时，她的女儿就陪在一边看童话书。书看累了，女儿就在旁边读小锦写的故事。时间长了，女儿居然看出了些门道，妈妈写她也用笔涂涂写写，今天写小兔子吃萝卜，明天写小鸟找妈妈，后天写会飞的玩具。只要她喜欢，什么东西她都能编织故事。小锦经常对女儿说，人活着得有理想，为理想而努力，这样人生才会有价值。虽然，她的女儿并不是特别懂妈妈的话，可是她知道妈妈要想成为畅销书作家，自己也得有自己的理想，她想成为一个画家，画漂亮的画装点妈妈的房间，让妈妈工作的时候抬头就能看到漂亮的图案。当女儿对小锦说出自己的理想后，小锦极力鼓励，并且以自己为典范讲述自己为了实现目标而付出的努力。在小锦的激励下，她的女儿如今画画的兴趣特别浓，画的画也很漂亮。

妈妈就是孩子模仿的偶像。如果你是个智慧妈妈，请明确自己的梦想并把对梦想的热情传递给孩子吧！

范冰冰从12岁时就想成为演员。那年她看了《一代女皇武则天》里面那个女主角潘迎紫，大眼睛、娃娃脸，大家都说像极了她。她爱极了那个台湾女星，她也想成为潘迎紫那样的演员，她沉湎于白日梦中。当时她只是梦想，没想到有一天她也可以成为别人梦想的对象。

徐静蕾最初的梦想是能够在美术天地里纵横拼搏，做一名画家，高中毕业后报考美术院校却未能如愿，名落孙山。一个偶然的机会让她选择了当演员。不过她小时候还有个梦想就是当记者，这个愿望在她33岁生日的时候实现了，而且一下就跃上了杂志主编的位置。

这些影视名人，小时候的梦想大多实现了。由此可见，早早树立梦想的孩子，他们的人生就有了奋斗的目标，就会为之而努力，将来就有实现梦想、收获人生辉煌的机会。

孩子由于对世界认识得不那么全面，所以在确立梦想时随意性是很大的。这时候智慧妈妈可以在了解孩子的心意后，根据孩子的性格和成长特点，帮助孩子确立具体而明确的梦想。

　　从孩童时期到成长为大人，中间实现梦想的过程是比较漫长的，孩子常常会因为散漫就把努力忘在脑后了。为此妈妈要教给孩子实现梦想的可行步骤，譬如每天记梦想日记，看与梦想有关的书，把自己的梦想画出来，写座右铭，看能够激励自己的动漫剧等。

　　梦想实现后该是什么样子了，妈妈可以和孩子一起憧憬，譬如在舞台上演出，有那么多观众在鼓掌；譬如在沙漠中，看到树苗连成了一片森林，阻挡了风沙的袭击；譬如骑着骏马奔驰在草原上等。美好的梦想前景会让孩子对未来充满了向往，从而为之努力奋斗。

　　有很多名人为了实现梦想付出努力的故事，把这些故事讲述给孩子听，孩子会非常喜欢。那就经常给孩子讲讲这样的故事吧！相信孩子一定会铭记自己的梦想，努力放飞梦想的。

*****

10.2 做懂电脑的时髦妈妈

在电脑走进家家户户的今天，不论是身处都市或是乡村，你若是一个不懂电脑，不会用电脑的妈妈，那你就"OUT"了。做一个智慧妈妈，至少应该学会与时俱进吧！

现在社会发展的速度很快，新的信息风起云涌，小小的电脑荧屏除了娱乐功能之外，更多的是给我们快速掌握大量信息提供了便捷的条件。只要小小的屏幕打开，你便可以不出家门便知天下事，这是多么伟大而有趣的事啊！

电脑上那些正规的网站都提供了知识分类，根据智慧妈妈的喜好和对知识的需求量，你可以随便点开网页，选取你喜欢的知识和孩子需要的知识。别忘记了，你可是孩子学习的偶像。如果每天都能给孩子提供一些新奇的知识时，孩子不光开阔了眼界，也更增加了对妈妈的佩服感，"哦，原来我的妈妈这么厉害啊"！

像我日常最喜欢浏览的网站是搜狐网，一是为了看新闻，这里的国内外新闻每天都及时更新，可以最快地捕捉国内外的新鲜事；另外就是看搜狐微博，因为微博"麻雀虽小五脏俱全"，各方面的知识都有。十多分钟的时间就可以浏览体育、文艺、政治、历史、经济、养生、美容、家教、教学等很多方面的知识，既节省时间，又容易筛选有用的信息。

新浪　　　搜狐　　　凤凰网　　　网易　　　腾讯·QQ空间　　　百度

有的妈妈说我学不会。这世界上没有学不会的东西，只有不想成为紧跟潮流的时髦妈妈的人。在电脑前静下心坐下来，打开网页慢慢地浏览，点开电脑上那些让鼠标的指针变成"手"形标志的网页，你会逐渐发现你的眼前出现了一个没有尽头的世界。一层层点开去，你的眼前绝对会出现一个纷繁复杂的多彩世界，让你目不暇接。只要浏览一次相信你会爱上电脑。

雪子的宝贝是个满脑袋问号的小男孩，看到妈妈做菜，他会问为什么要这样做，吃这样的菜有什么好处，菜上的虫虫哪去了，为什么不让我生吃？看到妈妈洗衣服，就问妈妈为什么要洗衣服，为什么要用洗衣服，洗衣粉是从哪里来的，衣服上的污渍都去了哪里？面对儿子的疑问，雪子不能正确回答的她会在网上查阅，一个网站查阅不明白，就再找几个网站查，直到儿子弄明白才罢休。在查阅过程中，雪子发现了很多有趣的网站，譬如一些杂志官方网站，一些文化圈名人的博客，一些家教的网站。雪子在这些网站中酣游，收获了很多。

一个懂电脑的智慧妈妈其实就是一个与时俱进的妈妈。一个跟上时代步伐的妈妈，思想意识才不会落后，才会不停给予孩子新鲜的知识，否则思想意识落后，就容易与孩子形成代沟，是不会讨孩子喜欢的。

不能借着上网之名沉迷网络，荒废了家务，荒废了个人事业，耽误了与孩子的交流。上网学习的时间要有计划安排，不能坐在电脑前半天不下来，每天适当安排半个小时或一个小时时间上网学习即可。

网络包罗万象，包含的内容良莠不齐，有些网站包含了黄色、暴力、反动、迷信、恐怖等内容。不能什么网站都进，什么网页都浏览，要有自制力，自觉排除那些不健康的网站。要浏览健康的网站，学习对人生和事业发展、孩子成长有益的内容。

在有目的地浏览网络知识后要做筛选，把那些适合孩子身心发展的知识教给孩子，让孩子开阔视野、拓宽认识领域，让孩子快速成长为一个聪明伶俐的好孩子。

网络上有新知识，也有旧知识，但是更新很快。所以作为智慧妈妈，要了解站在时代发展最前沿的新知识，力争不落伍，不与孩子的思想脱节，做一个真正意义上的"时髦妈妈"。

* * * * *

10.3 智慧妈妈要懂外语

英语在我们的周围，是除了汉语外运用范围比较广的语种。当前中国与世界经济、文化的接轨，也让英语越来越受欢迎。走在大街上、商场里，甚至现在有些外教学校，都是要用英语交流的。网络上的很多信息，很多受广大妈妈喜欢的外国商品也需要用英语来解读。一个懂一门外语的妈妈，是比其他妈妈多了一门优势的。她在与他人的交流中就多了一些资本，多了一点魅力。

那天，苏昕跟着妈妈逛商场买好想要的衣服后，苏昕跟着妈妈去坐公交车。在候车时遇到了一个初次到中国出差的韩国小伙子，小伙子韩语说得特别溜，但是周围人却谁也听不懂。这时候苏昕的妈妈站出来，走到小伙子跟前做了几个手势后，对小伙子说了一句韩语，小伙子一副恍然大悟的样子，然后对着苏昕的妈妈有礼貌地鞠了两个躬，兴奋地向对面的商场跑去。原来小伙子是打听厕所的。看着周围女士们一脸羡慕地看着妈妈，苏昕也很兴奋，就像刚才露脸的是自己一样。回家的路上，苏昕奇怪地问妈妈："在家里从来没有见你说过韩语，你怎么懂那个韩国人的话？"妈妈开心地对苏昕说："在上大学的时候，妈妈可是学过一年韩语的，并且妈妈所在的学校有韩国留学生的。另外妈妈平时喜欢看韩剧啊。所以韩语还是比较熟悉的。"哦，原来是这样啊！原来懂一门外语可以这么帅地露露脸，苏昕回到家就缠着妈妈坚决要学韩语。

上面的故事让我们看到了懂外语的智慧妈妈的魅力。你想在孩子的心目中，做这样一个会十八般武艺的智慧妈妈吗？那么，快来和我们一起做吧！

也许有的妈妈说，"学外语好难哦，我现在要忙工作，还带孩子，哪有时间去上学专门静下心来学外语呢？"是啊。让智慧妈妈懂一门外语，但是没说一定要您成为这方面的专业人才啊。我们能够和孩子一起学单词，一起读外文故事、动漫片，能够懂常用的外语交际的口语即可。有光环、上进的妈妈才是值得孩子效仿的偶像！

对于刚刚起步学外语的妈妈，可以尝试直接学简单的交际语。在外语角、商场、车站等老外多的地方，注意观察和倾听，并能够尝试直接和对方进行口语交流，这样便于很快提高外语积累的词汇。

有机会要经常读读那些用双语标注的名著经典书。因为这些书的基本内容是为大家熟知的，省略掉了理解的麻烦。另外这些名著经典中包含了很多名人名言和精美的段落，翻译也简单实在，对提升智慧妈妈的外语能力有很大帮助。

懂一门外语，当然未必一定要集中在英语身上，若是喜欢韩语、日语、俄语等也可以啊，不过相对来说大部分人还是对英语比较感兴趣。智慧妈妈应该把自己对某种外语的兴趣提升为能力，每天看一点、学一点。因为有兴趣，学起来就特别快，到最后就会发展为一种能力和魅力哦！

在老外问路的时候，与外教交流的时候，在公园的英语角活动的时候，教孩子看双语动漫的时候，智慧妈妈都可以适当秀一秀自己的外语才艺，相信您一定会收到意想不到的惊喜。

10.4 智慧妈妈要懂点美学

美学是什么，这里不想具体讲，我们不是专业做美学的书籍，所以大概知道美学着眼在"美"字上即可。多少了解一些美学，会让智慧妈妈在看尘俗事物时多一丝审美的眼光。并不一定打扮摩登的妈妈就一定具有审美的眼光。美学会让妈妈们在尘俗的生活中发现他人所不常见的真、善、美，拥有美学思想的妈妈她的生活一定是不粗俗的、不单调的。即使平常事物，她也一定能够评头论足，找出点值得欣赏的角度。

在了解美学知识时，建议妈妈们去读美学大家朱光潜先生的作品，如《谈美》《诗论》《美学拾穗集》《文艺心理学》等，都非常精彩。作品里面既有思辨、哲理性的思想蕴含其中，也有美学理论的深入浅出的阐释，那些关注日常生活的小例子，确实可以给予我们恍然大悟般的美学启迪。譬如：

诗人所以异于常人者在于感觉锐敏。常人的心灵好比顽石，受强烈震撼才生颤动；诗人的心灵好比蛛丝，微嘘轻息就可以引起全体的波动。常人所忽视的毫厘差别对于诗人却是奇思幻想的根源。一点沫水便是大自然的返影，一阵螺壳的啸声便是大海潮汐的回响。在眼球一流转或是肌肤一蠕动中，诗人能窥透幸福者和不幸运者的心曲。他与全人类和大自然的脉搏一齐起伏震颤，然而他终于是人间最孤寂者。（摘自朱光潜《诗人的孤寂》）

善于生活者对于生活也是这样认真。曾子临死时记得床上的席子是季路的，一定叫门人把它换过才瞑目。吴季札心里已经暗许赠剑给徐君，没有实行徐君就已死去，他很郑重地把剑挂在徐君墓旁树上，以见"中心契合死生不渝"的风谊。像这一类的言行看来虽似小节，而善于生活者却不肯轻易放过，正犹如诗人不肯轻易放过一字一句一样。小节如此，大节更不消说。董狐宁愿断头不肯掩盖史实，夷齐饿死不愿降周，这种风度是道德的也是艺术的。（摘自朱光潜《慢慢走，欣赏啊》）

罗素说："生活中并不缺少美，只是缺少发现美的眼睛。"是啊，再美的诗酒田园，再美的长袖善舞，再美的缠绵婉约，最后都得归于柴米油盐酱醋茶、勺子碰锅沿的平淡。养育孩子也是如此，其实都是一把屎一把尿地拉扯大，都是由如葱白般的纤纤玉指浸泡在洗衣液里把孩子脏脏的衣服搓洗干净的俗常日子过来的。这其中若是没有一种美学的心态，要么有的妈妈在这种俗常的生活中"沉沦"下去，像年久失修的一栋老屋，她的名字叫"黄脸婆"；要么有的妈妈竭力摆脱或置之不理，为了追逐理想人生，而忽略了家庭。要在这中间取，能够享受这种俗常生活的，才是富有美学眼光的智慧妈妈。如果你想做这样能够物质、精神双丰收的智慧妈妈，那么积极学点美学知识吧！

* * * * *

10.5　孩子，给妈妈做老师吧

大部分的情况下都是妈妈居高临下，妈妈给孩子做老师，给予孩子知识。其实，智慧妈妈在教子时可以换种方式，让孩子体会一下做老师的感觉。

让孩子做老师，就给予了孩子一定的责任感和使命感。每个人都会为了责任感和使命感而认真地做好自己手头的任务，孩子也是如此。为了教给妈妈知识，他会模仿大人查阅资料、翻看书本、提前预习知识。即使没有这些准备工作，他也一定想要把自己最好的一面展现给妈妈，因为他现在是老师了，老师就要有老师的样子。

孩子都有表现的欲望，渴望把自己精彩的一面展示给他人。所以，妈妈一定要认真听孩子的讲解、看孩子的表演，对于孩子表现精彩的地方要给予肯定，要表示感谢或者鼓掌，给孩子一定的信心。这样时长日久孩子会自觉进入老师的角色，自觉去汲取知识，努力担当好老师的角色。

让孩子做老师，究其实质是让孩子的学习由被动变为主动。同样的学习内容，不同的角色体验，给予孩子的是永远的新鲜感。作为智慧妈妈，要想让孩子早点成长起来，保有和激发这种新鲜感是很重要的。

允儿的女儿是一个胖胖的女孩，从小喜欢当老师。和允儿在家里时，她会摆出自己的记事板，给妈妈做老师；外婆和表哥去看她的时候，她就给外婆和表哥做老师。允儿的姐姐是个教师，允儿的女儿说"我长大了要像大姨一样，做个好老师"。为了成为像大姨一样的老师，允儿的女儿从小在水泥地上练习写黑板字，在房间里大声朗读课文，在镜子面前练习坐立走的姿态，她喜欢玩的方式就是"做老师"。这种非常独特的爱好，铸就了允儿的女儿的自律精神和好学求知精神。为了证明自己懂得特别多，她喜欢上了浏览微博，看早间新闻，读妈妈订阅的晚报，这些途径给予她海量的阅读讯息。如今允儿的女儿在知识面方面比其他同龄孩子要广得多，譬如最近中央召开的两会，她都能评论两句，她的行为习惯也比其他同龄孩子成熟。

应该说允儿的女儿能够形成一个良好的学习态度和习惯，与她渴望做老师的想法有极大关系。看过上面这个故事，智慧妈妈们有何感想呢？如果喜欢的话，也赶快让你的孩子来做小老师吧！

因为有些孩子就是比较宅、比较闷，喜欢独立玩耍，没有什么表现欲望，没有当老师的欲望，那么我们一起来想办法让他成为"小老师"吧！

妈妈可以根据具体的情境，根据孩子的喜好故意设置问题，求助宝贝帮助回答。孩子天性是活泼的，对于妈妈的求助，他们肯定不会拒绝，那就让宝贝帮助妈妈想办法回答一下问题吧！

现在的幼儿教育课堂有很多，比如亲子教育，带着宝贝去看几场有趣的课堂展示，感受一下课堂上老师组织的精彩环节，鼓励宝贝尝试一下，模仿当时的互动环节做"我是老师"的游戏，宝贝肯定非常喜欢。

如果宝贝还是不感兴趣，智慧妈妈不妨带着宝贝去做一个短途的户外行吧！阳光明媚，空气清新，看花、看鱼儿。哦，问题来了！智慧妈妈尽情发问吧！"那是一种什么鱼儿？""开的这种叫什么花儿？""为什么蜜蜂喜欢采花蜜？"带着问题，让宝贝查阅手中的百科全书或者从网络上找答案，相信他稚气而认真的回答一定会让你感动。

当孩子能够像模像样地担当起老师的角色时，妈妈可不能光自我陶醉哦，应该给孩子准备一份神秘的礼品，给孩子鼓鼓劲、加加油，让孩子信心更加十足哦！

10.6 一个好妈妈赛过诸葛亮

提到诸葛亮，有的妈妈就会眼亮起来，这可是中国历史上有名的智慧人物啊！是啊，千军万马指挥若定，空城一计吓退百万雄兵，这就是富有计谋的诸葛亮。有的妈妈问，"诸葛亮和我们有什么关系呢？"日常生活中，我们常常会遇到小问题，可能孩子会束手无策，大人也会束手无策，这时候若智慧妈妈出马，三言两语点拨迷津，献上计策，令事情山穷水尽之处忽见柳暗花明，这确实是一件很棒的事情哦！你想成为这样的智慧妈妈吗？

大家都看过《疯狂的麦咭》这个节目，那里面有很多父子互动的节目，有很多爸爸败下阵了，让宝贝洒泪而归。若你是参加这样一个栏目的妈妈，你有才华、有智慧，面对那些拼字、组合成语、需要运动技巧的节目，每个环节都能发挥自己的智慧，那么你一定会成为观众和孩子心目中的智慧妈妈的。

元元有一个厉害的妈妈。怎么厉害呢？元元要玩魔方，妈妈给他买了一个。可是元元拧来拧去，坐在沙发上半天不挪窝，也没有把一个颜色的平面拧齐了。元元气得把魔方摔在地板上，这时妈妈走过来，仔细研究了一下颜色分布情况，然后"咔咔咔"一会儿就把一面魔方的颜色对齐了。看着妈妈的精彩表演，元元摸把眼泪，求妈妈教他，妈妈认真地一步步解析，元元很快就会对色了。这天，元元把心爱的书掉进了浴盆里，整本书泡得湿透湿透的，这可怎么办呢？没事，找妈妈呀！元元的妈妈把书用卫生纸吸了吸水，然后把整本书放到了冰箱里的冷冻层里。放了几天后，水分均匀升华后，一本平整的书原样不动地出现在元元面前。妈妈真是太神奇了，元元为拥有这样"厉害"的妈妈而高兴！

　　其实日常生活中，能够彰显智慧的地方有很多，譬如厨房、卫生间、电器使用、读书、运动、游戏、旅行、人际交往、危机处理等，都能够让智慧妈妈大有用武之地。智慧有大小之分，小到一针一线，大到严重的家庭危机、安全危机、人身危机，都是智慧妈妈发挥能耐的机会。

　　像百科全书，一些专门讲述生活小智慧的书，以及一些日常危机紧急处理的书，都可以让智慧妈妈蓄积人生小智慧，从而拥有自己的智慧锦囊。

　　妈妈们脑袋里其实有很多小主意的，换灯泡的时候，修自来水龙头的时候，烧水做饭的时候，车胎爆掉的时候。若是智慧妈妈能够把自己脑袋里的小主意贡献出来，"多快好省"地把有些事情做好，那么你就是一个诸葛亮哦！

　　很多智慧的得来，来自于日常动手时的总结和发现。所以作为智慧妈妈，你应该提高动手能力，能够通过实践和具体操作来验证自己的猜想。

　　现在有很多展示个人智力的比拼大赛，譬如"最强大脑""是真的吗"，还有一些抢答、家庭亲子活动之类的节目。看看这些节目，可以让你开阔眼界、增长知识，拥有更多的现场经验和想要展示自己的欲望。

＊＊＊＊

10.7　工作之外你有特长吗

在知识大爆炸的今天，各种讯息蜂拥而来。很多人除了自己家庭主妇的角色和本身的职业之外拥有了更多的特长，而且很多妈妈把这些特长发展成为了自己的事业，譬如会茶道的开茶馆，爱运动的开健身馆，会跳舞的教跳肚皮舞等。作为妈妈你有什么特长呢？

有特长的智慧妈妈，便增添了几分魅力。这种魅力，一是对孩子的成长有帮助，二是使孩子有了学习的偶像，三是其他人的表扬与羡慕增强了孩子的自豪感。在这三者的促进下，智慧妈妈的魅力可真是光闪闪的。

当前时代飞速发展，各种新事物不断涌现，单纯靠一项工作走天下的老式生存方式已经落伍了。每个人都应该掌握多门特长来弥补自己的缺陷，丰富自己的人生阅历。一个妈妈掌握的特长越多，可展示的人生舞台就越广大。文娱、经济、体育、养生等方面诸多特长的交叉，让智慧妈妈有了更多发挥能力的舞台。

洋子是一家公司的普通文员，每天负责公司文件的起草和修订。在日常文字工作中，洋子逐渐接触到了策划领域，她利用业余时间学习策划知识，针对一些婚庆公司和公司庆典等形成了自己独到的策划观点。在一个参加朋友婚礼的偶然机会，她的策划点子被策划公司相中。婚礼策划之后这家庆典公司就开出了不菲的价格邀请她加入自己公司做业余兼职，结果洋子仿佛找到了自己的事业起点，她的花样点子让庆典公司大赚了一把，而她现在也成为了好几家庆典公司的金牌兼职策划。本身文员工作也做得踏踏实实，她成为一位名副其实的才女妈妈。她的女儿以妈妈为骄傲，现在也喜欢涂涂画画，画礼服、画新娘子、画新娘手中的花束、画婚庆车，都蛮像样子的。

从洋子的发展轨迹，我们看到了一个有特长妈妈阳光坦途的辉煌人生。你想拥有这样闪光的人生，成为孩子的骄傲吗？那就让自己拥有几门特长吧！这些特长你可以把它们变成职业人生的一部分，也可以仅仅作为闲暇之余的消遣，为平淡的生活增加一些靓丽的色彩，譬如插花、茶艺、绣工、编织、DIY家庭饰品、剪纸、琴棋书画等。让孩子和你的家人一起感受你对追求高雅、精致生活的兴趣。

你有哪些兴趣爱好呢？若有的话，这就是你的优势了。因为这些兴趣爱好最容易发展为特长，兴趣爱好可以四面开花，而特长则是可以作为一个人形象优势的亮点，拿出去在公众场合好好表现一番的。

特长方面要想结硕果、有成就，是需要拜师学艺的。毕竟每一个领域都有佼佼者，向这些名师学习，可以迅速提高自己特长的水平，让我们在特长领域有所建树。

法国名画家纪雷有一天参加一个宴会，宴会上有个身材矮小的人走到他面前，向他深深一鞠躬，请求他收为徒弟。纪雷朝那人看了一眼，发现他是个缺了两只手臂的残废人，就婉转拒绝他，并说："我想你画画恐怕不太方便吧?"可是那个人并不在意，立刻说："不，我虽然没有手，但是还有两只脚。"说着，便请主人拿来纸和笔，坐在地上就用脚趾头夹着笔画了起来。他虽然是用脚画画，但是画得很好，足见是下过一番苦功的。在场的客人，包括纪雷在内，都被他的精神所感动。纪雷很高兴，马上便收他为徒弟。这个矮个子自从拜纪雷为师之后更加用心学习，没几年的工夫便名扬天下。他就是有名的无臂画家杜兹纳。

　　妈妈们看，不论是什么样的人，要想有更大的成就，拜一个名师是不错的选择！

　　特长应该发扬，但是不要占用了主要的工作时间和生活时间，要利用闲暇时间把特长逐渐发挥出来。切不可因为重视特长培养失掉了工作，影响了生活的和谐，那样就得不偿失了。

＊　＊　＊　＊　＊

10.8 陪孩子多泡书店

书，是最能滋养孩子心灵、开拓孩子视野、增长孩子知识的东西。古人说"腹有诗书气自华"，读书多的人，涵养会从人的精气神上表露出来。有人说，一个女人可以不美，但是读书多了，其滋养出的神韵、气质，绝对是美貌所无法相比的。因为美貌可以随着时光的流逝而悄然消失，但是气质却会一直跟随在女人的身上，历久弥新。

书，对于智慧妈妈是如此，对孩子何尝不是如此！一个读书多的孩子，不会浮躁，不会盲目地追随社会上一些不好的潮流，他会淡然看世界，悠然地认识人生，踏踏实实地孜孜以求。因为在书的海洋里，他已经汲取了足够的人生知识，知道什么时间该进、什么时间该退。虽然外面沙尘暴、雾霾漫天，他的心里却是阳光坦途、山清水秀。

作为智慧妈妈，有时间陪孩子去泡书店吧！俗话说，买书不如借书读。在书店里读书，因为不可能长时间拥有，孩子的阅读速度是很快的。而且书店里的书琳琅满目，孩子可以自由随性地做出选择，尽览古今中外、小说随笔。想想短短的时间，孩子就可以从中汲取那么多的知识，该是多么幸福的事情啊！

读书，需要一定的氛围。有的孩子妈妈给买了一大堆书却不认真读，只是因为没有周围环境的影响和烘托。让一个小孩子静下心来读书，实在是不可能的事。但是到了书店里氛围就不一样了，那么多孩子都捧着书静静地阅读，都沉浸在文字和图画的世界中，孩子被周围的气氛熏染，自然

会投入其中，也认真地阅读。或许您的孩子不光可以在书店里收获知识，还可能交往几位书友哦。

【施洋搓脚夜读】"二·七大罢工"中著名的工人领袖施洋幼年家道贫寒，买不起灯油。村里有一座叫隆兴观的古庙，庙里点有一盏长明灯，他就在古庙里读书。冬季寒冷，脚冻得难受。起初他不时地站起来跺脚，后来觉得这样浪费时间，便削了一根圆滑的木棍，放在脚下，一边读书一边来回用脚搓木棍，搓暖了脚，他又能安心读书了。

【鲁迅卖奖章】鲁迅在南京江南水师学堂读书时，因考试成绩优异，学校奖给他一枚金质奖章。他没有戴此奖章作为炫耀自己的凭证，而是拿到鼓楼大街把它卖了，买回几本心爱的书和一串红辣椒。每当读书读到夜深人静、天寒体困时，他就摘下一只辣椒，分成几片放在嘴里咀嚼，直嚼得额头冒汗、眼里流泪，顿时，周身发暖，困意消除，于是他又捧起书攻读。

【王亚南绑在柱子上读书】我国著名的马克思主义经济学家、《资本论》最早的中文翻译者王亚南，1933年乘船去欧洲。客轮行至红海，突然巨浪滔天，船摇晃得使人无法站稳。这时，戴着眼镜的王亚南，手上拿着一本书走进餐厅，恳求服务员说："请你把我绑在这根柱子上吧！"服务员以为他是怕自己被浪头甩到海里去，就照他的话将王亚南牢牢地绑在柱子上。绑好后，王亚南翻开书，聚精会神地读起来。船上的外国人看见了，无不向他投来惊异的目光，连声赞叹说："啊！中国人，真了不起！"

看看上面故事中的名人，他们的读书条件那么艰苦，通过努力的读书最后都成为名人。那么我们的孩子到书店里去读书，拥有的是那么好的读书条件，更应该读有所成。所以智慧妈妈要鼓励孩子，不要把读书当作应付差事，当作给自己贴金的作秀表演。读书就要踏踏实实、安安静静。书读多了，人自然变得智慧、灵秀，当然也容易成才，也容易受周围人的欢迎。

10.9 倾听，胜过话痨

你是一个爱唠叨的妈妈吗？絮絮叨叨，不分场合，不看孩子的心情，以自己的喜怒哀乐为主，动辄就斥责孩子，孩子这也不好，那也不好，或者抓住一个话题重复过来重复过去，或者不管孩子喜欢不喜欢和你交流，就是一股劲唾沫星子乱喷地说。这些都不是一个智慧妈妈的所为。因为你没有给孩子表达诉求的机会，孩子的一些表现到底是什么原因造成的，你并不清楚；孩子对你的评判是否服气，你也不清楚。这样你的絮絮叨叨对孩子就有害无益了。

女人喜欢唠叨，做了妈妈的女人就更喜欢唠叨。你觉得唠叨是为了孩子好，可是孩子未必领情。所以当你有话说的时候，先给孩子表达诉求的机会。孩子说的同时，你注意观察孩子的表情，从孩子的话里听到潜藏的讯息，从而对症下药，岂不是更好吗？

妈妈一定不要浮躁，要能耐住性子听孩子说。孩子也喜欢絮絮叨叨，说自己的小想法、小心事、小故事、小羞涩、小困惑，那就让孩子说，我们只须竖起耳朵，静静地听即可。妈妈能够倾听孩子的心事，这是一个多么难得的了解孩子的机会。每个人的内心世界博大而隐秘，我们不可能走进孩子的内心世界，要想真正探测一下孩子的想法，现在孩子自己说给你听，你就做一个幸福的听众吧！

曾经看过一个故事，讲述一个小女孩想给妈妈说自己的心事，妈

妈脾气有些急躁，当时心情有些不好，所以把气洒在女儿身上，对女儿啰里啰嗦教训了一通。当这位妈妈发现女儿样子有些不太对时，再仔细询问女儿，她才知道女儿其实胸闷有些不舒服。此刻女孩的病突然发作，她已经不能再言语，后来送到医院就去世了。

上面的这段故事让我们看到了倾听的重要性。孩子不太会表达自己的感受，有时候一两句说不清楚，妈妈一定要仔细询问，弄懂孩子想表达的意思，以便对症下药，帮助孩子解除困惑。

当孩子在诉说的过程中有表达不到位的地方，妈妈一定要适当点拨，让孩子把内心的隐秘都表露出来。只有这样，妈妈才能有的放矢、举一反三地教育好孩子。若是发现孩子的内心存在困惑，妈妈要给孩子做引导，并告诉一些处事的技巧，让孩子面对困惑不畏惧，能够轻松自如地自己解决。

无论是倾听还是诉说，都是一种双向交流活动。作为智慧妈妈，请注意与孩子站在同一层面上交流，不要居高临下，也不要置之不理。若是妈妈这么大的时候也曾经遇到类似问题，可以现身说法讲述给孩子听，孩子一定非常渴望知道妈妈是如何处理的。这种坦诚的交流会进一步增进母子间的感情。

成吉思汗是古代蒙古首领、军事家和政治家。他的父亲在一次部落纷争中被人杀害了。成吉思汗的母亲只好带着几个年幼的孩子流浪在草原上，他们忍饥挨饿。她把美好的希望寄托在儿子成吉思汗身上。

成吉思汗的母亲为了教育年幼的几个孩子，经常讲自己母亲教育孩子们要团结的故事。她说："记得有一天，你们的外婆阿兰豁阿看到五个儿子不团结，便拿出五支箭，让五个儿子分别去折，他们很容易就折断了。后来，她又拿了五支箭，捆成一束，让他们折，结果谁也折不断。这时，外婆就对她五个儿子说："要知道最好的摔跤手，敌不过人多；最好的马，也经不起百条鞭子抽打。只有团结起来握成一个拳头才有力量，才能战胜敌人！"在母亲的教育下，成吉思汗茁壮成长，后来成了"一代天骄"。

母亲这种坦诚的交流，给了成吉思汗正确的引导，让成吉思汗茁壮成长为一个大英雄。

孩子诉说的问题无论多么严重，你都要稳如泰山，慢慢想解决的办法。一定不要给孩子太多的压力，或训斥，或埋怨，这两种做法都容易刺伤孩子的自尊心，让孩子把内心世界慢慢地对你封闭起来，那样母子交流的机会就不多了，这对教育孩子是不利的。

家长会上，幼儿园的老师对敏说："你的儿子有多动症，在板凳上连三分钟都坐不了。你应该带他去医院看一看。"回家的路上，儿子问敏："妈妈，老师今天表扬我了吗？"敏鼻子一酸，差点流下泪来。因为全班30位小朋友，儿子表现最差，老师明显地不喜欢他。但是她告诉儿子："老师表扬你了，夸你原来在板凳上坐不了一分钟，现在能坐三分钟了。其他妈妈都非常羡慕妈妈，因为全班你的进步最大。"那天晚上，她儿子破天荒坐住了屁股，把老师布置的算术题认真地做完了。

在这种情况下，可能很多妈妈会生气地骂儿子一顿，作为智慧妈妈，你觉得多夸夸儿子好呢，还是多骂骂儿子好呢？答案不言而喻。

＊＊＊＊＊

10.10　常和老师联络吗

当你的孩子上学后，你常和老师取得联系吗？譬如了解一下孩子在学校的表现，和老师沟通一下改正孩子缺点的教育方法，期待和老师达成一致目标。

我们周围很多妈妈或许由于工作和家务繁忙，或许出于对学校教育百分百信任，所以她们把孩子交到学校就感觉自己没事了。她们认为只有当孩子在家时，自己作为监护人才有责任和义务管理孩子。其实家和学校是相通的两个教育环境，对于孩子在校的表现，一个妈妈不能够掌控，而只是看到孩子在家的良好表现，是绝对不行的。

我作为老师就有深切体会，很多孩子犯了大错把家长招呼到学校后，很多家长都是非常意外的表情，诉说这个孩子在家里如何如何乖巧，称没想到孩子会犯这么大的错误。其实，孩子在家里，因为父母百依百顺，自然和父母没有直接的矛盾冲突，所以表现当然乖巧。但到了学校就不一样了，因为在学校是和他人打交道，要有很多利益冲突的地方，所以孩子的一些性格缺陷和不良行为习惯就表现出来，和他人之间形成了矛盾冲突。

由此看来，作为智慧妈妈不要被孩子在家的暂时表现所迷惑，应该经常与老师联系。譬如通过电话、QQ、短信交流都可以，及时掌握孩子的动态，及时把存在于孩子身上还处于萌芽状态的坏习惯监督其改掉。

亚鹏的妈妈工作忙，平时亚鹏放学后和周末都是在奶奶家度过的。奶奶光是给亚鹏做饭、洗衣服就够忙活的，更何况还要监督他写作业，所以对于亚鹏的一些小动作、小心思了解得并不深透，结果亚鹏就经常和奶奶撒谎说去同学家问作业，但其实是和同学一起到水库边捉鱼去了。要不是因为同伴落水被路人救起，把这件事告知了家长，亚鹏的危险举动他妈妈还不知道呢。想到亚鹏的同伴差一点溺水而死，亚鹏的妈妈害怕极了。她再也不让亚鹏周末到奶奶家玩了，担心亚鹏再出去贪玩会出危险。

亚鹏妈妈的表现就不太好。若是亚鹏妈妈经常和老师联系，老师通过日常观察和听同学们的情况汇报及早了解消息，那么亚鹏去水库边偷着钓鱼的行为就不会发生。由此可见，作为智慧妈妈一定要多和老师交流，了解孩子在校的纪律表现和学习表现，以便对症下药制定解决问题的措施。

对孩子的教育，首先要重视思想教育。让孩子知道：尊敬师长、团结同学，善良真诚、踏实求上进。除此之外还有遵守学校学生行为规范，遵守国家法令制度等。思想是指导行为的标尺，思想高度达不到，那么孩子的行为就容易出错、跑偏。

佳佳是个看似文静实则调皮的小男孩。在妈妈跟前他很乖，可是和别的小朋友在一起，喜欢拽这个头发，踩那个脚，有时候还把鼻涕偷偷涂在其他小朋友的凳子、衣服上，为此惹哭了很多小朋友。后来幼儿园老师给佳佳妈妈告状，佳佳妈妈才知道佳佳的这些小坏毛病。佳佳妈妈利用每天接送佳佳去幼儿园的路上对佳佳进行教育，告诉他一个好孩子该如何和别的小朋友友好相处。时长日久，佳佳居然把妈妈的话记在了脑子里，他慢慢地改掉了这些坏毛病，变成了一个尊重同学，非常有礼貌的小男孩。

孩子在学校是不是遵守《中小学生行为规则》，上课状态如何，作业态度如何，接人待物如何。即使孩子已经表现得很完美了，智慧妈妈也一

定要关注孩子的日常表现，对于孩子表现好的地方一定要大加表扬，以此激励孩子更加积极向上。

孩子日常在校有无反常表现？和老师经常联系可以了解譬如迟到早退、走神发呆、神神秘秘、拉帮结伙、吵嘴打架、作业是否完成等情况。通过抓取这些表现，进而确定孩子身上存在的问题，及早家校合一把问题消灭在萌芽中。

智慧妈妈们，我们的书到此要结束了。和大家像聊天一样，交流了很多教育孩子的零碎经验，不知道会不会对您的家教产生影响？孩子，是您手掌心里的明珠，珍贵而单纯，请让我们用爱和鼓励，让他们一步步勇敢而开心地走向校园，走向社会吧！

孩子是鹰，终将脱离母亲的翅膀，去社会的大天地里自由翱翔。让我们用自己的智慧为他们掌好舵，稳稳地送他们一程吧！让我们祝福孩子的明天会更好！

* * * * *